© Verlag Zabert Sandmann GmbH
München
1. Auflage 2010
ISBN 978-3-89883-258-8

Rezeptfotos	Susie Eising
Foodstyling	Monika Schuster
Umschlagfoto und Porträt (S. 6)	Derek Henthorn
Grafische Gestaltung	Georg Feigl, Barbara Markwitz
Redaktion	Katharina Lisson, Edelgard Prinz-Korte
Vorwort	Nina Holländer
Herstellung	Karin Mayer, Peter Karg-Cordes
Lithografie	Christine Rühmer
Druck und Bindung	in der Slowakei

Besuchen Sie uns auch im Internet unter den Adressen www.zsverlag.de und
www.alexander-herrmann.de

Alexander Herrmann

Meine Lieblings- rezepte

ZABERT
SANDMANN

Meine Lieblingsrezepte für Genießer

Bestimmt kann jeder auf Anhieb ein Gericht nennen, das er als sein »Lieblingsgericht« bezeichnen würde. Die Gründe dafür sind vielfältig: emotional (das Essen birgt eine besondere Erinnerung), eher praktisch (das Gericht gelingt immer perfekt) oder auch sinnlich (es schmeckt einfach gut). Egal warum, diese Gerichte bleiben einfach im Gedächtnis und sind immer aktuell!

Genauso geht es mir mit dieser Auswahl an Rezepten aus der erfolgreichen »Koch doch«-Reihe: Sie sind alle unkompliziert und gelingen garantiert, haben aber auch einen Tick Raffinesse und das gewisse Überraschungsmoment. Andererseits sind sie als Anregung zu sehen, die eigene Kreativität am Herd zu entwickeln und auszuleben. Sie machen einfach Spaß – und das ist für mich die Hauptsache bei einem Lieblingsgericht!

Die meisten Rezepte sind »fernseherprobt«, also unter Extrembedingungen im Studio meist in Echtzeit zubereitet: eine Garantie dafür, dass sie auch zu Hause problemlos gelingen. Besonders übersichtlich ist die Einteilung nach Gängen: So kann man sich ganz leicht ein Wunschmenü von einer kalten oder warmen Vorspeise bis hin zum Dessert zusammenstellen. Sozusagen als »Bonusmaterial« habe ich auf vielfachen Wunsch noch unveröffentlichte TV-Rezepte integriert.

Ich wünsche Ihnen viel Spaß mit »Meinen Lieblingsrezepten« – ob Sie die Familie bekochen, die Liebste oder den Liebsten verwöhnen, Ihre Gäste beeindrucken oder sich ganz allein einen besonderen Genuss gönnen möchten.

Ihr Alexander Herrmann

PS: Klicken Sie doch einmal auf www.alexander-herrmann.de – es würde mich freuen, Sie online oder auch persönlich im Restaurant oder bei einem Kochkurs begrüßen zu dürfen.

Das gute Öl

Als Grundlage für das Würzöl nehme ich immer sehr gutes Olivenöl der ersten Pressung (extra vergine). Statt Olivenöl können Sie auch das leicht nussige und gesunde Rapsöl verwenden. Es ist besonders wertvoll, weil es sich durch einen sehr hohen Anteil an einfach und mehrfach ungesättigten Fettsäuren auszeichnet. Rapsöl sollte man deshalb am besten nur für kalte Zubereitungen verwenden und nicht zum Abrunden von heißen Gerichten. Wer ein geschmacksneutraleres Öl vorzieht, kann auch Sonnenblumenöl als Grundlage des Würzöls verwenden.

Würzöl

Zutaten für 430–530 ml

4–5 Zweige Rosmarin
3 grüne Peperoni
4 kleine rote Chilischoten
2 Knoblauchzehen
1 Streifen unbehandelte Zitronenschale
400–500 ml Olivenöl

Die Rosmarinzweige waschen und trocken schütteln. Die Peperoni und Chilischoten waschen, die Peperoni schräg in Scheiben schneiden. Den Knoblauch schälen. Rosmarin, Peperoni, Chilischoten, Zitronenschale und Knoblauchzehen in ein verschließbares Gefäß geben und mit dem Olivenöl auffüllen. Das Würzöl sollte mindestens 2 bis 3 Tage ziehen, um sein volles Aroma zu erreichen.

Zum Aromatisieren des Öls können Sie außerdem noch unbehandelte Orangenschale, Sternanis sowie alle erdenklichen Pfeffersorten verwenden, da sie sehr geschmacksintensiv sind.

Balsamicosirup

Zutaten für 400 ml

1 gestr. EL brauner Zucker (9 g)
250 ml Rotwein
250 ml Aceto balsamico
1 Schalotte (40 g)
$1/2$ Knoblauchzehe
6 Zweige Thymian
6 Stiele Petersilie
60 g Honig
120 ml Traubensaft
Salz · Pfeffer aus der Mühle
11 g Speisestärke
11 ml Rotwein

Der beste Essig

Aceto balsamico oder Balsamessig
ist ein dunkelbrauner Essig mit süß-
saurem Geschmack aus der nord-
italienischen Provinz Modena. Nur
der echte Essig trägt die Bezeich-
nung »Aceto balsamico tradizionale
di Modena« und muss mindestens
zwölf Jahre alt sein. Der häufig in
Supermärkten verkaufte Aceto ist
eine Mischung aus eingedicktem
Traubensaft mit Weinessig und mit
dem echten Aceto balsamico nicht
zu vergleichen. Aus diesem Grund
bereite ich lieber meinen eigenen
Balsamicosirup zu.

1. Den Zucker in einen Topf streuen und karamellisieren.

2. Mit dem Rotwein und Aceto balsamico ablöschen und aufkochen.

3. Die Schalotte schälen und in Streifen schneiden. Den Knoblauch schälen und mit der Schalotte dazugeben. Alles auf 300 ml einkochen lassen.

4. Thymian und Petersilie waschen und trocken schütteln. Honig, Traubensaft und Kräuter dazugeben. Aufkochen und zugedeckt 10 Minuten ziehen lassen.

5. Die Flüssigkeit durch ein Sieb gießen und auffangen. Erneut erhitzen und mit Salz und Pfeffer würzen.

6. Die Speisestärke mit dem Rotwein glatt rühren. Unter Rühren in den Sirup geben und aufkochen lassen.

Kräutersalz

Zutaten für ca. 50 g

6 Zweige Thymian
6 Basilikumblätter
45 g bestes Meersalz (Fleur de Sel
oder Maldon Meersalz)
abgeriebene Schale von ¼ unbehandelten Limette

Thymian und Basilikum waschen und trocken schütteln. Die Thymianblätter abzupfen, die Basilikumblätter hacken. Die Kräuter mit dem Meersalz und der Limettenschale mischen. Das Kräutersalz 2 bis 3 Tage ziehen lassen, bis sich das volle Aroma entfaltet hat.

Juspaste

Zutaten für 500 g

350 g Schalotten
50 g Karotten
50 g Knollensellerie
50 g Lauch
1 EL Pflanzenöl
4 EL Tomatenmark
700 ml trockener Rotwein (kein Barrique)

Die Schalotten schälen und halbieren. Karotten und Sellerie schälen und in Würfel schneiden. Lauch putzen, waschen und klein schneiden. Schalotten, Karotten und Sellerie im Öl stark anbraten. Den Lauch und das Tomatenmark dazugeben und unter Rühren braten, bis sich am Topfboden Röststoffe bilden.

▼

Mit 300 ml Wasser ablöschen, die Hitze reduzieren und alles unter Rühren einköcheln lassen, bis sich erneut Röststoffe bilden. Mit 100 ml Rotwein ablöschen, langsam einköcheln lassen und dann erneut mit 100 ml Rotwein ablöschen. Diesen Vorgang noch fünfmal wiederholen, bis der Wein aufgebraucht ist. Der Ablösch-Einkoch-Vorgang soll langsam ablaufen, d. h., das Einkochen dauert etwa 1½ bis 2 Stunden.

▼

Die eingekochte Masse im Mixer fein pürieren und in einem geeigneten Gefäß im Kühlschrank aufbewahren. Die Paste ist etwa 8 bis 14 Tage haltbar. Man kann sie in kleinen Portionen einfrieren. Wenn Sie die Paste nicht pürieren, sondern nur durch ein Sieb streichen, wird sie nicht ganz so samtig. Als Dosierung empfehle ich 1 EL Juspaste für 200 ml Brühe. Die Brühe damit aufkochen und 2 Minuten ziehen lassen, mit Salz und Pfeffer abschmecken. Das ergibt eine Sauce, die zu Fleisch, Gemüse oder Nudeln schmeckt.

1. Schalotten, Karotten und Sellerie im Öl anbraten. Den Lauch und das Tomatenmark dazugeben und unter Rühren braten, bis sich Röststoffe bilden.

2. Mit 300 ml Wasser ablöschen und einköcheln lassen. Nach und nach mit je 100 ml Rotwein ablöschen, einköcheln lassen, bis der Rotwein verbraucht ist.

3. Die eingekochte Rotwein-Gemüse-Masse im Mixer sehr fein pürieren. Oder die Masse durch ein Sieb streichen. Danach kühl lagern.

Brühpulver

Zutaten für ca. 50 g

140 g Zwiebeln
85 g Karotten
25 g Lauch
65 g Knollensellerie
150 g Tomaten
10 g Petersilienblätter
40 g Meersalz

Das Gemüse schälen bzw. putzen, waschen und in kleine Würfel schneiden. Tomaten waschen, Stielansätze entfernen, Fruchtfleisch klein schneiden. Die Petersilie waschen, trocken schütteln und hacken. Alles mit dem Meersalz im Mixer fein pürieren. Die Masse auf ein Blech streichen und im Backofen bei 75 °C (Umluft) mindestens 8 Stunden trocknen lassen, dabei die Backofentür einen Spalt offen lassen. Die Masse im Mixer fein mahlen.

Meine Gemüsebrühe

Das Brühpulver ist in einem gut verschließbaren Gefäß mindestens zehn Wochen haltbar. 1 TL Brühpulver auf 200 ml Wasser ergibt eine milde Gemüsebrühe, die perfekt zum Kochen geeignet ist. Das Pulver selbst ist auch ideal zum Abschmecken von Gemüse, Pastagerichten oder Saucen.

1. Zwiebeln, Karotten, Lauch, Sellerie, Tomaten, Petersilie und Meersalz in den Mixer geben und fein pürieren.

2. Die Masse auf ein Backblech oder in eine Auflaufform streichen. Über Nacht (mindestens 8 Stunden) im Backofen trocknen lassen.

3. Die getrocknete Masse im Mixer fein mahlen und eventuell durch ein Sieb streichen. Das Brühpulver in einem gut verschließbaren Gefäß aufbewahren.

Kalte Vorspeisen

Jakobsmuscheln
roh mariniert

Zutaten für 2 Personen

12 Jakobsmuscheln (ausgelöst; ohne Corail)
1 Knoblauchzehe
Meersalz · Pfeffer aus der Mühle
1 Bund Sauerampfer
Olivenöl

Die Jakobsmuscheln waschen und trocken tupfen. Die Muscheln mit einem scharfen, dünnen Messer in sehr feine Scheiben schneiden. Die Knoblauchzehe halbieren und eine Servierplatte damit einreiben; so kann sich das Knoblaucharoma ganz zart entfalten.

Die Jakobsmuschelscheiben auf der Servierplatte verteilen, mit etwas Meersalz bestreuen und mit grob gemahlenem Pfeffer würzen.

Den Sauerampfer verlesen, waschen und trocken schütteln. Die Blätter in feine, dünne Streifen schneiden und über die Jakobsmuscheln streuen. Etwas Olivenöl darüberträufeln.

> ▸▸ Tipp
>
> *Die Zubereitung dieses verführerischen Gerichts mit frischen Jakobsmuscheln ist ganz einfach. Die Jakobsmuscheln lassen sich sehr gut vorbereiten und abgedeckt bis zum Servieren im Kühlschrank aufbewahren. Wichtig ist aber, dass sie erst ganz zum Schluss – kurz vor dem Servieren – gewürzt werden.*

Lachscarpaccio
mit Caipirinha-Creme

Zutaten für 2 Personen

1 unbehandelte Limette
1/2 TL brauner Zucker
1 Schuss Rohrzuckerschnaps oder weißer Rum
2 EL Crème fraîche
Meersalz · Pfeffer aus der Mühle
1 Bund Frühlingszwiebeln
2 EL Olivenöl
240 g Lachsfilet (ohne Haut; Sushi-Qualität)

Die Limette heiß waschen und abtrocknen, die Schale fein abreiben und den Saft auspressen. Die Limettenschale und den -saft mit Zucker und Schnaps oder Rum verrühren. Die Crème fraîche dazugeben und die Creme mit 1 Prise Meersalz und Pfeffer würzen.

Die Frühlingszwiebeln putzen und waschen, den unteren hellen Teil der Länge nach halbieren und im Olivenöl bei mittlerer Hitze braten, dabei mit Meersalz und Pfeffer würzen. Den grünen Teil der Frühlingszwiebeln in feine Streifen oder Ringe schneiden.

Das Lachsfilet waschen, trocken tupfen und eventuell vorhandene Gräten entfernen. Das Filet in möglichst dünne, schräge Scheiben schneiden und auf zwei Teller verteilen.

Das Lachsfilet kräftig mit Meersalz und Pfeffer würzen und die Caipirinha-Creme darüberträufeln. Die gebratenen Frühlingszwiebeln so darauf anrichten, dass sie nicht direkt auf dem Lachs liegen. Die grünen Zwiebelstreifen oder -ringe darüberstreuen.

Roh marinierter Wolfsbarsch

mit geraspeltem Gurkensalat und Brotsticks

Zutaten für 6 Personen

1/2 Salatgurke
Salz · Pfeffer aus der Mühle
1 unbehandelte Zitrone
130 g saure Sahne
1 großes Wolfsbarschfilet (ca. 500 g)
1 Bund Kerbel
1 Spritzer Noilly Prat (franz. Wermut)
3–4 EL Rapsöl
4 dicke Scheiben Graubrot
1 EL Knoblauchöl (siehe Tipp)

Die Gurke schälen, der Länge nach halbieren und die Kerne mit einem Löffel herauskratzen. Die Gurke raspeln und mit Salz und Pfeffer würzen. Die Zitrone heiß waschen und abtrocknen, die Schale fein abreiben und den Saft auspressen. Die Gurkenraspel mit der sauren Sahne und etwas Zitronensaft mischen und 10 Minuten marinieren.

Das Wolfsbarschfilet waschen, trocken tupfen und mit einem langen, großen Messer in hauchdünne Scheiben schneiden, eventuell vorhandene Gräten entfernen. Mit Salz und Pfeffer würzen. Den Kerbel waschen, trocken schütteln, die Blätter abzupfen und hacken. Den Kerbel mit Zitronenschale, Noilly Prat und Rapsöl mischen. Den Wolfsbarsch damit bestreichen oder beträufeln und 8 Minuten marinieren.

Den Backofen auf 180 °C (Umluft) vorheizen. Die Graubrotscheiben in längliche, nicht zu dünne Streifen schneiden und mit etwas Knoblauchöl beträufeln. Im Ofen 6 Minuten rösten.

Den Gurkensalat etwas ausdrücken, den Marinierfond auffangen. Den Gurkensalat in kleine Schälchen füllen oder als Häufchen auf einer Platte verteilen. Den Wolfsbarsch dekorativ daneben anrichten.

Den Gurken-Marinierfond mit dem Stabmixer schaumig aufschlagen und auf dem Gurkensalat verteilen. Nach Belieben mit Kerbel und abgeriebener Zitronenschale garnieren und die Brotsticks dazu servieren.

▸▸ T i p p

So bereiten Sie Knoblauchöl zu: 2 Knoblauchzehen schälen, in 100 ml Öl legen und 1 bis 2 Tage ziehen lassen. Ergibt etwa 10 EL Knoblauchöl.

Dreierlei Lachsforellentatar
mit Chicorée, Roter Bete und auf Toast

Zutaten für 4 Personen

200 g Lachsforellenfilet (ohne Haut und Gräten)
4 Chicoréeblätter
1 TL Senf
Saft von 1 Zitrone
Olivenöl · Salz
1 TL Sahnemeerrettich (aus dem Glas)
1 TL saure Sahne
1/2 Bund Schnittlauch
50 g Rote Bete (vakuumverpackt)
1 TL Weißweinessig · 1 TL Öl
1/2 Knoblauchzehe
4 Basilikumblätter
Limettensaft
2 Zweige Thymian
4 Scheiben Toastbrot

Das Lachsforellenfilet waschen, trocken tupfen und eventuell vorhandene Gräten entfernen. Das Filet in kleine Würfel schneiden und auf drei Schüsseln verteilen. Für die erste Variante die Chicoréeblätter waschen und trocken tupfen. Die Fischfiletwürfel mit dem Senf, etwas Zitronensaft und Olivenöl marinieren und mit Salz würzen. Das Tatar auf die Chicoréeblätter verteilen.

Die Fischwürfel in der zweiten Schüssel mit dem Sahnemeerrettich, der sauren Sahne und Zitronensaft marinieren und mit etwas Salz würzen. Den Schnittlauch waschen, trocken schütteln, in Röllchen schneiden und auf einen Teller geben. Die Lachsforellenwür-fel zu Kugeln formen und rundum im Schnittlauch wälzen. Die Rote Bete abtropfen lassen und in kleine Würfel schneiden. Den Essig mit dem Salz und dem Öl verrühren und die Rote Bete damit marinieren.

▼

Für das letzte Drittel der Fischwürfel den Knoblauch schälen, in kleine Würfel schneiden und in die Schüssel zum Lachsforellenfilet geben. Die Basilikumblätter waschen, trocken tupfen und klein zupfen. Den Fisch mit Knoblauch und Basilikum mischen und das Tatar mit Limettensaft, Olivenöl und Salz würzen. Den Backofen auf 160 °C vorheizen.

▼

Den Thymian waschen, trocken schütteln und die Blättchen abzupfen. Jedes Toastbrot mit etwas Thymian bestreuen, mit Öl beträufeln, auf ein Backblech legen und im Ofen auf der mittleren Schiene etwa 8 Minuten rösten. Aus dem Brot mit einem runden Ausstecher Kreise ausstechen. Das Tatar in 4 Portionen teilen, den Ausstecher um 1 Brotkreis legen, ein Viertel Tatar darin verteilen und die Form vorsichtig abziehen. Auf diese Weise 4 Törtchen herstellen.

▼

Zum Fertigstellen die marinierten Rote-Bete-Würfel auf eine Platte geben und die Lachsforellen-Schnitt-lauch-Kugeln darauf anrichten. Den Thymiantoast mit dem Lachsforellen-Basilikum-Tatar und die Chicorée-blätter mit dem Lachsforellentatar daneben anrichten. Nach Belieben mit Schnittlauch und Basilikum garnieren und mit der restlichen Rote-Bete-Vinaigrette beträufelt servieren.

Mariniertes Forellenfilet
auf Rote-Bete-Salat

Zutaten für 2 Personen

3 rote Zwiebeln · 30 g Speck
3 EL Sonnenblumenöl
150 ml Gemüsebrühe
2 EL Weißweinessig
Salz · Pfeffer aus der Mühle
1/2 Bund Dill
2 Forellenfilets (à 120 g; ohne Haut und Gräten)
1 kleine Rote Bete
1 EL Haselnussöl
3 EL Sonnenblumenkerne

Die Zwiebeln schälen, halbieren und in möglichst feine Streifen schneiden. Den Speck in kleine Würfel schneiden. Beides im Sonnenblumenöl glasig andünsten, mit Brühe und Essig ablöschen. Mit Salz und Pfeffer leicht würzen und abkühlen lassen.

Den Dill waschen, trocken schütteln, die Spitzen abzupfen, fein hacken und in den Zwiebelfond geben. Die Forellenfilets in eine Auflaufform legen und mit dem Sud begießen. Zugedeckt 1 Stunde marinieren.

▼

Die Rote Bete schälen, in hauchdünne Scheiben schneiden, mit kaltem Wasser abspülen und abtropfen lassen. Die Rote Bete leicht salzen, mit dem Haselnussöl beträufeln und mit den Fingern vorsichtig verrühren. Auf eine große Platte verteilen.

▼

Den Backofen auf 160 °C (Umluft) vorheizen. Die Sonnenblumenkerne auf einem Blech 12 Minuten rösten. Die Forellenfilets aus dem Sud nehmen, in feine Streifen schneiden und auf die Rote Bete legen. Mit dem Sud begießen und mit den Sonnenblumenkernen bestreuen.

Gebeiztes Forellenfilet
auf Kartoffelchips

Zutaten für 2–4 Personen

1/2 EL Salz · 1/2 EL Zucker
1/2 TL Pfeffer aus der Mühle · 1/2 TL Korianderkörner
2 große Forellenfilets (à 150 g; mit Haut)
4 Stiele Petersilie · 6 Stiele Basilikum
2 Kartoffeln · 100 ml Öl
2 EL Crème fraîche · Saft von 1/2 Zitrone
1 TL frisch geriebener Ingwer

Salz, Zucker, Pfeffer und Korianderkörner in einer kleinen Schüssel mischen. Die Forellenfilets auf die Hautseite legen und die andere Seite gleichmäßig mit den Gewürzen bestreuen. Petersilie und Basilikum waschen und trocken schütteln, die Blätter abzupfen, grob hacken und über die Forellenfilets streuen. Die Forellenfilets aufeinanderlegen und straff in Alufolie wickeln. 24 Stunden im Kühlschrank zwischen zwei Tellern beschwert beizen.

▼

Die Kartoffeln schälen und fein hobeln oder mit einem scharfen Messer in dünne Scheiben schneiden. Etwa 10 Minuten in kaltes Wasser legen und trocken tupfen. Das Öl in einer heißen Pfanne erhitzen und die Kartoffeln darin knusprig frittieren, auf Küchenpapier abtropfen lassen und mit Salz und Pfeffer leicht würzen.

▼

Die Crème fraîche mit Salz, Pfeffer und Zitronensaft glatt rühren, den Ingwer untermischen. Die Forellenfilets aus der Folie wickeln und die Beize mit einem Messer abschaben. Die Forellenfilets eventuell kalt abwaschen und trocken tupfen. Mit einem scharfen Messer schräg in dünne Scheiben schneiden. Die Kartoffelchips auf einer Platte verteilen, mit der Forelle belegen und mit Zitronen-Ingwer-Creme beträufeln.

Mozzarella
mit Paprika und Fenchelsalami

Zutaten für 2 Personen

je 1 rote und gelbe Paprikaschote
Olivenöl
2 Schalotten · 1 Knoblauchzehe
10 schwarze Oliven (ohne Stein)
1 TL Paprikapulver
3 Zweige Thymian
Meersalz
2 Kugeln Büffelmozzarella (à 125 g)
Pfeffer aus der Mühle
100 g hauchdünne Scheiben Fenchelsalami

Die Paprikaschote vierteln, entkernen, waschen und mit der Hautseite nach oben auf ein Backblech legen. Mit Olivenöl bestreichen und unter dem Backofengrill so lange garen, bis die Haut dunkle Blasen wirft. Die Haut abziehen und das Paprikafleisch in $1/2$ cm große Würfel schneiden.

▼

In der Zwischenzeit die Schalotten schälen, in kleine Würfel schneiden, in etwas Olivenöl in einer Pfanne andünsten. Die angedrückte Knoblauchzehe, Oliven und das Paprikapulver hinzufügen und ziehen lassen.

▼

Die Paprikawürfel dazugeben und mit so viel Olivenöl begießen, dass alles gerade bedeckt ist. Den Thymian waschen, trocken schütteln und hinzufügen. Alles auf 70 °C erwärmen und mehrere Stunden ziehen lassen. Durch ein Sieb gießen, Thymianzweige und Knoblauchzehe entfernen. Die Paprikawürfel mit Meersalz bestreuen. Mozzarella in grobe Würfel zerteilen, auf eine Platte legen und mit Meersalz und Pfeffer würzen. Die Salamischeiben dekorativ darauf anrichten und mit den Paprikawürfeln und den Oliven belegen.

Weiße Tomatenessenz
mit Kürbiskerncrackern

Zutaten für 4 Personen

2 EL Mehl · 1 EL weiche Butter
$1/2$ EL frisch geriebener Parmesan · Salz
2 EL Kürbiskerne · Olivenöl
6 Tomaten · 2 Stiele Basilikum
100 ml Gemüsebrühe
Meersalz · Pfeffer aus der Mühle

Für die Kürbiskerncracker Mehl, Butter, Parmesan, 1 EL Wasser und Salz zu einem geschmeidigen Teig verkneten. Den Teig 10 Minuten im Kühlschrank ruhen lassen. Den Backofen auf 180 °C vorheizen.

▼

Die Arbeitsfläche mit Mehl bestäuben und den Teig 1 cm dick ausrollen. Mit einer Plätzchenform Kreise (ca. 5 cm Durchmesser) ausstechen und auf ein mit Backpapier ausgelegtes Backblech legen. Die Kürbiskerne auf den Plätzchen verteilen. Mit Olivenöl beträufeln und im Ofen 10 bis 12 Minuten knusprig backen.

▼

Die Tomaten waschen, halbieren, Stielansatz entfernen und das Fruchtfleisch in grobe Würfel schneiden. Das Basilikum waschen und trocken schütteln, die Blätter abzupfen und die Stiele grob zerschneiden.

▼

Tomatenwürfel, Basilikumblätter und -stiele mit Brühe, Meersalz und Pfeffer im Mixer pürieren. Die Masse mit einem Löffel durch ein feines Sieb streichen.

▼

Den Tomaten-Basilikum-Saft aufkochen und in ein mit Küchenpapier ausgelegtes Sieb gießen. Die Tomatenessenz mit Meersalz und Pfeffer würzen, nach Belieben fein geschnittene Basilikumblätter hineingeben. Die Kürbiskerncracker dazu reichen.

Wildschinken
mit Friséesalat und Melonenmarinade

Zutaten für 2 Personen

1 Kopf hellgrüner Friséesalat
50 g Pinienkerne
1 EL Olivenöl
1/2 orangefleischige Melone (z. B. Charentais)
1 EL Weißweinessig
2 EL Olivenöl
Pfeffer aus der Mühle
120 g Wildschinken (von Reh oder Wildschwein)

Den Friséesalat putzen, d. h., die feinen gelben Blätter – das Herz – herauszupfen und kurz in lauwarmes Wasser legen, damit die Bitterstoffe herausgezogen werden. Die Salatblätter eiskalt abschrecken, trocken schleudern und auf zwei Teller verteilen.

Die Pinienkerne in einer Pfanne im Olivenöl langsam unter häufigem Rühren von allen Seiten goldbraun braten. In ein Sieb abgießen und das Olivenöl dabei auffangen.

Die Melone schälen, entkernen und 8 hauchdünne Scheiben herunterschneiden. Die restliche Melone klein schneiden und mit dem Essig, dem Olivenöl sowie dem aufgefangenen Pinienkern-Olivenöl im Mixer bzw. in einem hohen Gefäß mit dem Stabmixer fein pürieren. Mit Pfeffer abschmecken.

Den Wildschinken sowie die Melonenscheiben dekorativ um den Friséesalat legen, mit der Melonenmarinade beträufeln und mit den Pinienkernen bestreuen.

Tomatenkaltschale
mit Schwarzwälder Schinken

Zutaten für 2 Personen

4 reife Strauchtomaten
1 Orange
2 Stiele Basilikum
1/2 Knoblauchzehe
2 EL Olivenöl
1 Spritzer Weißweinessig
Salz · Pfeffer aus der Mühle
5 hauchdünne Scheiben Schwarzwälder Schinken

Die Strauchtomaten waschen, den Stielansatz herausschneiden und die Tomaten grob zerkleinern. Die Orange mit einem Messer schälen und grob klein schneiden. Alles in einen Mixbecher geben.

Basilikum waschen, trocken schütteln und die Blätter abzupfen. Einige Blätter für die Deko beiseitelegen. Den Knoblauch schälen. Basilikum, Knoblauch, Olivenöl, Essig, Salz und Pfeffer in den Mixbecher geben und fein mixen. Durch ein feines Sieb streichen, falls nötig, nochmals mit Salz und Pfeffer abschmecken.

Die Kaltschale in Gläser füllen und mit den Basilikumblättern garnieren. Den Schwarzwälder Schinken in dünne Streifen schneiden und darauflegen.

Radicchio-Eisberg-Salat
mit Buttermilchdressing

Zutaten für 4 Personen

1 großer Kopf Radicchio
1 großer Kopf Eisbergsalat
300 g Buttermilch
Saft von 1/2 Zitrone
1 Schuss Olivenöl
Salz · Pfeffer aus der Mühle
6 Stiele Dill

Von den Salatköpfen die äußeren Blätter entfernen. Die Salatköpfe schräg in Stücke schneiden und den Strunk entfernen. Den Salat waschen und gut trocken schleudern.

▼

Eisbergsalat und Radicchio abwechselnd in eine Glasschüssel verteilen.

▼

Buttermilch, Zitronensaft, etwas Olivenöl, Salz und Pfeffer mit dem Stabmixer schaumig rühren. Den Dill waschen, trocken schütteln, hacken und unterrühren. Das Dressing auf den Salat geben und untermischen.

▸▸ Tipp

Der Salat passt gut zu gegrillten Steaks oder gebratenen Schnitzeln.

Paprika-Himbeer-Salat
mit Entenbrust

Zutaten für 2 Personen

2 rote Paprikaschoten
3 EL Olivenöl
1/2 Bund Rucola
60 g frische Himbeeren
1 EL Aceto balsamico (12 Jahre alt)
Meersalz · Pfeffer aus der Mühle
180 g dünn geschnittene geräucherte Entenbrust

Die Paprikaschoten vierteln, entkernen und waschen. Mit der Hautseite nach oben auf ein Backblech legen, mit 1 EL Olivenöl bestreichen und unter dem Backofengrill grillen, bis die Haut dunkle Blasen wirft. Herausnehmen, etwas abkühlen lassen, die Haut abziehen und das Paprikafleisch in feine Streifen schneiden. Auf eine Platte oder zwei Teller verteilen.

▼

Den Rucola verlesen, die harten Stiele abschneiden. Den Rucola waschen, trocken schleudern und auf den Paprikastreifen verteilen. Die Himbeeren verlesen, vorsichtig waschen und abtropfen lassen.

▼

Den Aceto balsamico mit dem restlichen Olivenöl, etwas Meersalz und Pfeffer verrühren. Die Vinaigrette über Paprika und Rucola träufeln. Die Himbeeren dazugeben und den Salat mit der Entenbrust belegen.

Eisbergsalat
mit Joghurtdip

Zutaten für 6 Personen

1 Kopf Eisbergsalat
250 g Naturjoghurt
Salz · Pfeffer aus der Mühle
Saft von ½ Zitrone
1 Schuss Alexanders Würzöl (siehe Seite 8)

Vom Eisbergsalat die äußeren Blätter entfernen, den Salat halbieren, den Strunk herausschneiden und die Salatblätter in Dreiecke schneiden. Den Salat waschen und gut trocken schleudern.

Den Eisbergsalat dekorativ auf Tellern anrichten. Den Joghurt mit Salz und Pfeffer würzen, den Zitronensaft und Alexanders Würzöl dazugeben und verrühren. Den Joghurtdip separat zum Salat servieren.

▸ Tipp

Je kleiner Salatblätter zerteilt werden, umso schneller welken sie. Deshalb ist es ideal, die Salatblätter in große Dreiecke zu teilen, wenn der Salat beim Grillfest oder auf dem Büfett länger steht.

Fenchelsalat
mit Grapefruit

Zutaten für 6 Personen

2 Fenchelknollen
1 rosa Grapefruit
2–3 Stiele Estragon
1–2 EL weißer Aceto balsamico
Salz · 3–4 EL Olivenöl

Die Fenchelknollen putzen, halbieren und den Strunk herausschneiden. Den Fenchel in sehr feine Streifen schneiden. Die Grapefruit mit einem Messer so schälen, dass die weiße Haut mit entfernt wird. Die Fruchtfilets herausschneiden und den Saft dabei auffangen. Den Fenchel mit dem Grapefruitsaft mischen.

Den Estragon waschen, trocken schütteln und die Blätter abzupfen. Essig und Estragonblätter zum Salat geben und mit Salz würzen. Die Grapefruitfilets dazugeben und mit Olivenöl beträufeln. Nach Belieben geröstete Brotscheiben dazu servieren.

Eichblattsalat
mit Orangen-Senf-Dressing

Zutaten für 2 Personen

2 Orangen
1 EL Senf
2 EL Weißweinessig
Salz · Pfeffer aus der Mühle
80 ml Sonnenblumenöl
1 Kopf Eichblattsalat
120 g Kürbiskerne
1 TL Kürbiskernöl
2 EL Schmand

Die Orangen mit einem Messer so schälen, dass die weiße Haut mit entfernt wird. Die Fruchtfilets herausschneiden und den Saft dabei auffangen. Das restliche Fruchtfleisch gut ausdrücken und den Saft mit Senf, Essig, Salz und Pfeffer verrühren. Das Sonnenblumenöl mit dem Stabmixer cremig unter das Dressing mixen.

▼

Den Eichblattsalat putzen, d.h., die äußeren Blätter entfernen, den Salat halbieren, den Strunk herausschneiden und die Blätter abzupfen. Waschen, gut trocken schleudern und auf zwei Teller verteilen.

▼

Den Backofen auf 180 °C (Umluft) vorheizen. Die Kürbiskerne auf einem kleinen Blech oder in einer kleinen Pfanne im Ofen etwa 10 Minuten rösten und leicht salzen. Das Orangen-Senf-Dressing über den Eichblattsalat träufeln, die Orangenfilets dazulegen, die gerösteten Kürbiskerne darüberstreuen und mit dem Kürbiskernöl beträufeln. Den Schmand mit Salz und reichlich Pfeffer verrühren und ebenfalls über den Salat träufeln.

Rucolasalat
mit Zitrusfrüchten und Ramazotti

Zutaten für 4 Personen

2 Bund Rucola · 1 Orange
1 rosa Grapefruit · 1 Zitrone
1 EL Honig · 1/2 EL Sesamsamen
1 Schuss Ramazotti · 1 EL Olivenöl
Meersalz · Pfeffer aus der Mühle

Den Rucola verlesen, die harten Stiele abschneiden. Den Rucola waschen und trocken schleudern.

▼

Die Orange, Grapefruit und Zitrone so schälen, dass die weiße Haut mit entfernt wird, und die Fruchtfilets herauslösen. Den austretenden Saft auffangen und mit Honig und Sesam bei schwacher Hitze erwärmen.

▼

Den Rucola mit dem Ramazotti mischen und auf zwei Tellern anrichten. Die Orangen- und Grapefruitfilets zwischen den Salatblättern verteilen. Die Zitronenfilets klein hacken und über den Salat streuen.

▼

Die lauwarme Honig-Sesam-Vinaigrette mit dem Olivenöl verrühren und mit Meersalz und Pfeffer würzen. Die Vinaigrette über den Salat träufeln.

 **Tipp**

Ramazotti, der milde italienische Kräuterlikör, wird aus 33 verschiedenen Kräutern und Wurzeln hergestellt. Seine herbe Note passt perfekt zum scharf-nussigen Rucolageschmack.

Melonenkaltschale
mit Tomaten und Chili

Zutaten für 4 Personen

1/2 Wassermelone
4 Tomaten · 6 Zweige Thymian
1 EL Olivenöl · 1 Schuss Weißweinessig
Cayennepfeffer · Meersalz
Pfeffer aus der Mühle

Die Melone vierteln und die Kerne entfernen. Das Fruchtfleisch von der Schale abschneiden und in Würfel schneiden. Die Tomaten waschen und halbieren, den Stielansatz und die Kerne entfernen, das Fruchtfleisch in grobe Stücke schneiden. Den Thymian waschen, trocken schütteln, und die Blättchen abzupfen.

▼

Die Melonen- und Tomatenstücke, Thymianblättchen, Olivenöl und Essig mit dem Stabmixer fein pürieren. Die Melonenkaltschale mit Cayennepfeffer, Meersalz und Pfeffer würzen und vor dem Servieren mindestens 1 Stunde kalt stellen.

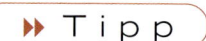 Tipp

Wenn man die Kaltschale mit etwas mehr Weißweinessig püriert, kann man sie als Marinade für einen Rucola-Mozzarella-Salat verwenden.

Geeiste Gurkennester
mit Joghurt

Zutaten für 4 Personen

2 Salatgurken · 3 Stiele Dill
1 kleine Knoblauchzehe
150 g Naturjoghurt
Saft von 1/2 Zitrone
Salz · Pfeffer aus der Mühle

Die Gurken schälen und das Fruchtfleisch mit dem Sparschäler in langen Streifen abziehen. Den Dill waschen, trocken schütteln und die Spitzen abzupfen. Ein paar Spitzen für die Dekoration beiseitelegen und den Rest fein hacken. Den Knoblauch schälen und ebenfalls fein hacken.

▼

Den Joghurt mit Zitronensaft, Dill und Knoblauch verrühren. Die Sauce mit Salz und Pfeffer würzen, über die Gurkenstreifen geben und 30 Minuten kalt stellen.

▼

Zum Anrichten die Gurkenstreifen mit einer Gabel wie Bandnudeln aufdrehen und in tiefe Teller geben. Die Marinade mit dem Stabmixer kurz aufschäumen und über die Gurkennester gießen. Mit dem restlichen Dill garnieren.

 Tipp

Der Joghurt kann mit etwas mehr Knoblauch noch kräftiger gewürzt werden.

Currymayonnaise
mit Koriander

Zutaten für 4–8 Personen

1 Bund Koriandergrün
150 g Mayonnaise
1 EL mildes Currypulver
½ TL gemahlener Kreuzkümmel

Den Koriander waschen und trocken schütteln, die Blätter abzupfen und fein hacken.

Die Mayonnaise mit dem Koriander, dem Currypulver und dem Kreuzkümmel verrühren und bis zum Servieren kalt stellen.

Kartoffelcreme
mit Olivenöl

Zutaten für 2 Personen

3 Kartoffeln · Meersalz
100 ml Gemüsebrühe · Pfeffer aus der Mühle
100 ml Olivenöl

Die Kartoffeln schälen und in leicht gesalzenem Wasser gar kochen. Abgießen und in einer Schüssel etwas zerdrücken. Die Brühe dazugießen und beides mit dem Stabmixer pürieren, mit Meersalz und Pfeffer würzen. Das Olivenöl langsam einlaufen lassen, bis das Kartoffelpüree eine cremige Konsistenz hat. Die Kartoffelcreme passt zum Roastbeef von Seite 152.

Grissini
mit Parmesan

Zutaten für 8–10 Grissini

100 g Mehl · 50 g weiche Butter
25 g frisch geriebener Parmesan
Salz · 1 TL Thymianblättchen
Olivenöl

Mehl, Butter, Parmesan, 4 EL Wasser, 1 Prise Salz und die Thymianblättchen rasch zu einem glatten Teig kneten. Den Teig zu einer Kugel formen, in Frischhaltefolie wickeln und mindestens 30 Minuten im Kühlschrank ruhen lassen.

Den Backofen auf 200 °C vorheizen. Vom Teig kleine Stücke abnehmen und auf der bemehlten Arbeitsfläche zu bleistiftdicken Grissini-Stangen rollen. Die Grissini auf ein mit Olivenöl gefettetes Blech legen und im Ofen 10 bis 12 Minuten knusprig backen. Mit Schinken, Salami und Oliven anrichten.

Wenn Sie etwas weniger Butter und dafür ein bisschen Quark in den Teig geben, werden die Grissini lockerer. Für Parmesan-Grissini können Sie vor dem Backen noch etwas geriebenen Parmesan auf die Teigstangen geben.

Lachscarpaccio
mit frittierten Kapern

Zutaten für 2 Personen

300 g Lachsfilet (ohne Haut und Gräten)
1 rote Paprikaschote
Saft und abgeriebene Schale
von 1 unbehandelten Limette
grobes Meersalz · Pfeffer aus der Mühle
3 EL Gemüsebrühe
4 EL Olivenöl
20 g Kapern (aus dem Glas)
Öl zum Frittieren

Den Lachs waschen, trocken tupfen und mit einem scharfen, langen Messer in etwa 3 mm dünne Scheiben schneiden. Die Lachsscheiben nebeneinander auf eine große Platte legen.

Die Paprikaschote vierteln, entkernen, waschen und schälen. Die Paprika in kleine Würfel schneiden und in eine Schüssel geben. Limettensaft und -schale dazugeben, mit Salz und Pfeffer würzen und mit der Brühe und dem Olivenöl zu einer Vinaigrette rühren. Auf den Lachsfiletscheiben verteilen. Zusätzlich mit grob gemahlenem Pfeffer und Meersalz würzen.

Die Kapern abgießen und trocken tupfen. Das Öl 1 cm hoch in einer Pfanne erhitzen und die Kapern darin etwa 1 Minute kross frittieren. Auf Küchenpapier abtropfen lassen. Die Kapern müssen nicht gewürzt werden, sollten aber sofort lauwarm auf dem marinierten Lachsfilet verteilt werden.

Rindercarpaccio
mit Staudensellerie

Zutaten für 2 Personen

1 Knoblauchzehe
200 g Rindfleisch (aus der Hüfte)
Saft von 1 Limette
Meersalz
Pfeffer aus der Mühle
3 Stangen Staudensellerie
100 ml Milch
35 g frisch geriebener Parmesan
3 EL Olivenöl

Den Knoblauch schälen, halbieren und zwei große Teller damit einreiben. Das Rindfleisch mit einem scharfen, langen Messer in 1 bis 2 mm dünne Scheiben schneiden und die Teller damit auslegen. Das Fleisch mit Limettensaft beträufeln und mit Meersalz und reichlich Pfeffer würzen.

Den Sellerie putzen, waschen und in hauchdünne Scheiben schneiden. Die Milch in einem Topf erwärmen und den Parmesan dazugeben. Den Topf vom Herd nehmen, das Olivenöl sowie eventuell noch 1 Prise Salz hinzufügen und alles mit dem Stabmixer schaumig pürieren.

Den aromatischen Milchschaum über das Carpaccio geben und mit dem Staudensellerie garnieren.

Chorizo-Oliven-Spieße
mit Gurke und Olivenöldip

Zutaten für 6 Personen

1 Salatgurke
Meersalz
18 schwarze Oliven (ohne Stein)
18 hauchdünne Scheiben Chorizo (span. Paprikawurst)
18 Holzspießchen
200 ml Milch
2 EL Mandelblättchen
Pfeffer aus der Mühle
2 Scheiben Toastbrot
3 EL Olivenöl

Die Gurke schälen, längs halbieren und mit einem Löffel die Kerne entfernen. Die Gurkenhälften mit Meersalz würzen und auf einem Teller beiseitestellen.
▼

Je 1 Olive mit 1 Scheibe Chorizo umwickeln und ein Holzspießchen durchstecken. Die Milch mit den Mandelblättchen, etwas Meersalz und Pfeffer aufkochen und den Topf vom Herd nehmen.
▼

Das Toastbrot entrinden, in kleine Würfel schneiden und in die heiße Milch geben. Das Olivenöl hinzufügen und das Brot mit dem Stabmixer zu einer sämigen, leicht glänzenden Sauce pürieren.
▼

Die Gurkenhälften auf eine ovale Platte legen und die Chorizo-Oliven-Spieße in gleichem Abstand hineinstecken. Die Gurke zwischen den Spießen durchschneiden. Die Spieße mit dem noch lauwarmen Olivenöldip servieren.

Shrimps-Wan-Tans
mit Limette und Sauerrahm

Zutaten für 6 Personen

1 unbehandelte Limette
1 Bund Kerbel
80 g saure Sahne
Salz · Pfeffer aus der Mühle
200 g Shrimps
350 ml Öl zum Frittieren
18 Wan-Tan-Teigblätter (7 x 7 cm)

Die Limette heiß waschen, abtrocknen, die Schale abreiben und den Saft auspressen. Den Kerbel waschen, trocken schütteln, die Blättchen abzupfen und fein hacken. Die saure Sahne mit Limettensaft, -schale und Kerbel verrühren, mit Salz und Pfeffer würzen.
▼

Die Shrimps waschen, trocken tupfen und unter die Kerbelsahne mischen.
▼

Das Frittieröl in einem Topf erhitzen (es ist heiß genug, wenn an einem Holzlöffelstiel, den man hineinhält, kleine Bläschen aufsteigen). Einen Flaschenkorken mit Alufolie umwickeln und einen langen Holzspieß hineinstecken. Den Korken mit einem Wan-Tan-Teigblatt umhüllen. Den Teig mithilfe des Spießes in das heiße Öl tauchen und knusprig backen. Das Teigkörbchen vom Korken lösen und auf Küchenpapier abtropfen lassen. Die restlichen Teigstücke auf die gleiche Weise zu Körbchen backen.
▼

Die Wan-Tan-Körbchen mit den Garnelen und der sauren Sahne füllen. Auf einer Platte anrichten und mit Kerbelblättchen garnieren.

Hackfleischbällchen
mit Basilikum-Sauerrahm-Dip

Zutaten für 6 Personen

300 g gemischtes Hackfleisch
Salz · Pfeffer aus der Mühle
2 Stiele Petersilie
1 Ei
1/2 TL Paprikapulver
300 g Filoteig
400 g Butterschmalz
1/2 unbehandelte Orange
10 Basilikumblätter
200 g saure Sahne
1 TL frisch gehackter Ingwer

Das Hackfleisch mit Salz und Pfeffer würzen. Die Petersilie waschen und trocken schütteln, die Blätter abzupfen und hacken. Petersilie, Ei und Paprikapulver zum Hackfleisch geben und alles gründlich mischen. Aus dem Hackfleisch kleine Bällchen in der Größe von Pralinen rollen.

Den Filoteig auf der Arbeitsfläche ausbreiten und in feine Streifen schneiden. Die Hackfleischbällchen mit dem Filoteig umwickeln. Das Butterschmalz erhitzen und die Hackfleischbällchen darin ausbacken. Auf Küchenpapier abtropfen lassen.

Die Orange heiß waschen, abtrocknen und die Schale abreiben. Das Basilikum waschen, trocken schütteln und die Blätter fein schneiden. Die saure Sahne mit der Orangenschale, dem Basilikum und dem gehackten Ingwer verrühren. Den Dip mit Salz würzen und zu den Hackfleischbällchen servieren.

Kasslerröllchen
mit Salsa verde

Zutaten für 6 Personen

10 Stangen grüner Spargel
Salz
1 Salatgurke
2 rote Paprikaschoten
30 dünne Scheiben Kassler
3 grüne Paprikaschoten
8 Stiele Petersilie
1/2 Knoblauchzehe
1 Ei
1 TL Kapern (aus dem Glas)
3–6 EL Olivenöl

Den Spargel nur im unteren Drittel schälen und die Enden abschneiden. Den Spargel in Salzwasser bissfest blanchieren, kalt abschrecken und abtropfen lassen. Den Spargel quer halbieren. Die Gurke putzen, waschen, der Länge nach halbieren, entkernen und in Stifte schneiden. Die roten Paprikaschoten halbieren, entkernen, waschen und in Streifen schneiden.

Die Kasslerscheiben je mit Spargel, Gurkenstiften und roten Paprikastreifen belegen und aufrollen.

Die grünen Paprikaschoten mit dem Sparschäler schälen, halbieren, entkernen, waschen und in kleine Würfel schneiden. Die Petersilie waschen, trocken schütteln und die Blätter abzupfen. Die halbe Knoblauchzehe schälen und klein schneiden. Das Ei hart kochen, schälen und klein hacken. Paprika, Petersilie, Knoblauch, Kapern und Olivenöl mischen, salzen und mit dem Stabmixer fein pürieren. Das Ei unterrühren. Die Salsa verde zu den Kasslerröllchen servieren.

Warme Vorspeisen

Zanderspieße mit Sesamhülle
im Wirsing-Silvaner-Sud

Zutaten für 6 Personen

220 g Zanderfilet (dickes Stück; ohne Haut und Gräten)
Salz · Pfeffer aus der Mühle
1 TL Sesamsamen
18 Holzspieße
¼ Kopf junger Wirsing
2 kleine Zwiebeln
1 EL Speckwürfel
1 TL Butterschmalz
200 ml Silvaner (Weißwein)
400 ml Gemüsebrühe
½ Bund Kerbel

Den Fisch waschen, trocken tupfen und in 18 gleich große Würfel schneiden. Mit Salz und Pfeffer würzen und mit dem Sesam bestreuen. Jeden Zanderwürfel auf ein Holzspießchen stecken.

Den Wirsing putzen, waschen und klein schneiden. Die Zwiebeln schälen und in kleine Würfel schneiden. Die Zwiebeln mit den Speckwürfeln in einer Pfanne im heißen Butterschmalz glasig dünsten. Den Wirsing hinzufügen, mit Salz würzen und ebenfalls kurz anbraten. Mit dem Silvaner ablöschen, die Brühe dazugießen und alles zugedeckt bei schwacher Hitze 4 bis 5 Minuten köcheln lassen.

In der Zwischenzeit den Kerbel waschen, trocken schütteln, die Blätter abzupfen und die Hälfte der Blätter fein hacken. Den gehackten Kerbel zum Wirsing-Silvaner-Sud geben und mit Salz abschmecken.

Die Zanderspieße auf einer Platte anrichten. Den Wirsing-Silvaner-Sud in einen kleinen Topf geben und aufkochen lassen. Den restlichen Kerbel über den heißen Sud streuen. Die Zanderspieße mit dem Sud servieren. Bei Tisch die Spießchen so lange in den Sud tauchen, bis das Filet gar ist (je nach Temperatur des Suds dauert das 1 bis 3 Minuten).

▸▸ Tipp

Wenn alle Zanderspieße gegart sind, können Sie den Wirsing-Silvaner-Sud in Espressotassen füllen und mit kleinen Löffeln als Suppe servieren. Der Sud hat bis dahin zusätzlich ein feines Zanderaroma angenommen.

Entenbrustspieße
mit Pfefferaprikosen

Zutaten für 6 Personen

1 Schalotte
120 ml Gemüsebrühe
40 g Aprikosenkonfitüre
18 getrocknete Aprikosen
Pfeffer aus der Mühle
18 dünne Scheiben geräucherte Entenbrust
18 Holzspießchen

Die Schalotte schälen und in kleine Würfel schneiden. Die Brühe mit der Schalotte und der Konfitüre in einen Topf geben und aufkochen lassen.

▼

Die Herdplatte abschalten, die getrockneten Aprikosen in den Sud geben und den Sud mit Pfeffer abschmecken. Die Aprikosen 5 bis 8 Minuten ziehen lassen.

▼

Die Aprikosen aus dem Sud heben. Je 1 Aprikose mit 1 Scheibe Entenbrust umwickeln und auf kleine Holzspieße stecken. Die Spieße auf einem Teller anrichten.

Sternanisbirnen
mit Schwarzwälder Schinken

Zutaten für 6 Personen

2 Schalotten
1 EL Butter
1 Schuss Weißwein
100 ml Gemüsebrühe
1 Lorbeerblatt
3 schwarze Pfefferkörner
1 Sternanis
3 Williams-Christ-Birnen
12 hauchdünne Scheiben Schwarzwälder Schinken

Die Schalotten schälen, längs halbieren und in der Butter andünsten. Mit dem Weißwein ablöschen. Die Brühe angießen und das Lorbeerblatt, die Pfefferkörner und den Sternanis dazugeben. Den Sud zugedeckt bei schwacher Hitze 2 bis 3 Minuten ziehen lassen.

▼

In der Zwischenzeit die Birnen vierteln, schälen und das Kerngehäuse entfernen. Die Birnenviertel in den heißen Gewurzsud geben und etwa 1 Minute zugedeckt köcheln lassen. Den Topf beiseitestellen und die Birnen mindestens 6 Minuten ziehen lassen.

▼

Die Birnenviertel auf einem Teller abtropfen lassen. Die Schinkenscheiben nebeneinanderlegen und in jede Scheibe 1 Birnenviertel wickeln, nach Belieben ein Spießchen hineinstecken. Die eingewickelten Birnen auf einem Teller anrichten.

Tintenfischstreifen
auf geröstetem Brot

Zutaten für 2 Personen

4 Zweige Thymian
2 Scheiben Bauernbrot
4 EL Olivenöl
6–8 kleine zarte Sepien (küchenfertig)
1 Tomate
1 Romanasalatherz
1 Knoblauchzehe (ungeschält)
Meersalz · Pfeffer aus der Mühle

Den Thymian waschen und trocken schütteln. Die Bauernbrotscheiben in einer beschichteten Pfanne in 3 EL Olivenöl mit dem Thymian auf beiden Seiten bei mittlerer Hitze langsam knusprig braun rösten. Auf Küchenpapier abtropfen lassen.

Die Sepien waschen, trocken tupfen und in feine Streifen schneiden. Die Tomate waschen, vierteln und entkernen, dabei den Stielansatz herausschneiden. Das Tomatenfleisch in kleine Würfel schneiden. Das Salatherz der Länge nach halbieren, den Strunk großzügig entfernen und den Salat in feine Streifen schneiden.

In einer großen Pfanne 1 EL Olivenöl erhitzen, die Sepien hineingeben und mit der angedrückten Knoblauchzehe rasch anbraten. Auf Küchenpapier abtropfen lassen. Den Salat in der Pfanne etwas anbraten, sodass er leicht zusammenfällt. Die Tomaten, die Sepien und die Knoblauchzehe zum Salat in die Pfanne geben und 1 Minute braten, dabei ab und zu umrühren oder alles durchschwenken. Mit Meersalz und Pfeffer würzen und auf die Bauernbrote verteilen.

Caprese im Glas
mit sautierten Tintenfischen

Zutaten für 2 Personen

2 Tomaten
1 Kugel Büffelmozzarella (125 g)
Salz · Pfeffer aus der Mühle
3 EL Olivenöl
3 Stiele Basilikum · 3 Stiele Petersilie
200 ml Milch · 150 g Ricotta
6 kleine zarte Sepien (küchenfertig)
Mehl zum Bestäuben
1 Knoblauchzehe · 1 Zweig Rosmarin
2 Scheiben Toastbrot

Die Tomaten waschen, halbieren, entkernen und in Würfel schneiden. Den Mozzarella abtropfen lassen und in Würfel schneiden. Miteinander mischen, mit Salz und Pfeffer würzen und 1 EL Olivenöl unterrühren.

Basilikum und Petersilie waschen, trocken schütteln und die Blätter abzupfen. Die Milch erwärmen, die Kräuterblätter dazugeben und alles mit dem Stabmixer pürieren. Den Ricotta unterrühren, mit Salz und Pfeffer würzen und auf Gläser verteilen. Tomaten und Mozzarella daraufgeben.

Die Sepien waschen, trocken tupfen und in Streifen schneiden. Mit Salz und Pfeffer würzen, leicht im Mehl wenden. Mit dem ungeschälten, angedrückten Knoblauch und dem Rosmarin in 1 EL Olivenöl rasch braten. Auf Küchenpapier abtropfen lassen. Das Toastbrot entrinden, in kleine Würfel schneiden und in der Pfanne mit 1 EL Olivenöl knusprig braten. Alles lauwarm auf die Gläser verteilen und sofort servieren.

Lauwarmes Forellencarpaccio
mit Dill-Gurken-Marinade

Zutaten für 2 Personen

1 Forellenfilet (ca. 120 g; ohne Gräten)
1 TL Sahnemeerrettich (aus dem Glas)
¼ Salatgurke
Olivenöl
60 ml Weißwein
60 ml Gemüsebrühe
¼ Bund Dill · Salz
1 Scheibe Toastbrot
½ Knoblauchzehe
1 EL Butter
abgeriebene Schale von 1 unbehandelten Zitrone
2 TL Forellenkaviar zum Garnieren

Das Forellenfilet waschen, trocken tupfen und in sehr dünne Scheiben schneiden. Zwei Teller mit dem Sahnemeerrettich bestreichen und die Fischscheiben darauf auslegen.

Die Gurke schälen, längs vierteln, entkernen und in kleine Würfel schneiden. Das Öl in einem Topf erhitzen und die Gurkenwürfel darin andünsten. Weißwein und Brühe dazugeben und kurz köcheln lassen. Den Dill waschen, trocken schütteln und klein schneiden. Einige Dillspitzen zum Garnieren beiseitelegen, den übrigen Dill in die Marinade geben. Die Marinade mit Salz abschmecken, heiß über das Fischcarpaccio gießen und 1 Minute ziehen lassen.

Inzwischen das Toastbrot entrinden und in kleine Würfel schneiden. Den Knoblauch schälen. Die Butter in einer kleinen Pfanne erhitzen, den Knoblauch und die Zitronenschale hinzufügen und die Brotwürfel darin rundum knusprig braten. Auf Küchenpapier abtropfen lassen und auf dem Forellencarpaccio verteilen. Jede Portion zum Schluss mit 1 TL Forellenkaviar und einigen Dillspitzen garnieren.

▸▸ Tipp

Die Kombination Meerrettich, Forelle und Gurke kennt man vor allem aus der deutschen Küche. Diese Art der Zubereitung passt aber auch fantastisch zu vielen internationalen Aromawelten: Aus Olivenpaste, Wolfsbarsch und Tomate zubereitet, wird das Carpaccio mediterran, grober Senf, Lachs und grüner Spargel machen aus ihm einen Leckerbissen à la français und durch Wasabi-Paste, Brasse und Chinakohl bekommt es einen asiatischen Touch.

Gebratene Riesengarnelen
mit Vanille und Chili

Zutaten für 2 Personen

2 Tomaten
½ Zwiebel
1 Knoblauchzehe
3 EL Olivenöl
8 Basilikumblätter
1 EL Weißweinessig
Salz · Pfeffer aus der Mühle
8 Riesengarnelen (mit Schale)
½ Vanilleschote
1 kleine rote Chilischote
Olivenöl zum Braten

Die Tomaten waschen, den Stielansatz entfernen und das Fruchtfleisch in dünne Scheiben schneiden. Die Tomatenscheiben auf einer ofenfesten Platte dekorativ auslegen.

Den Backofen auf 80 °C vorheizen. Die Zwiebel schälen und in dünne Streifen schneiden. Den Knoblauch schälen und in kleine Würfel schneiden. Die Basilikumblätter waschen, trocken tupfen und klein zupfen. Den Essig mit Salz, Pfeffer, den Zwiebelstreifen, dem Knoblauch, dem Basilikum und dem Olivenöl zu einer Marinade verrühren und über die Tomaten träufeln. Den Tomatensalat mit der Marinade im Ofen etwa 15 Minuten erwärmen.

Inzwischen die Garnelen schälen, am Rücken entlang einschneiden und den Darm entfernen. Dann die Garnelen waschen und längs halbieren. Die Vanilleschote längs aufschneiden und das Mark herauskratzen. Die Chilischote längs halbieren, entkernen, waschen und

in kleine Streifen schneiden. Etwas Olivenöl in einer Pfanne erhitzen und die Garnelen darin anbraten. Das Vanillemark und die Chilistreifen dazugeben. Die Garnelen mit Salz würzen.

Den Tomatensalat aus dem Ofen nehmen und die Garnelen darauf anrichten. Nach Belieben mit etwas Kapuzinerkresse garnieren.

>> **Tipp**

Riesengarnelen sind ein »dankbares« Produkt – ihr Aroma verschmilzt perfekt mit den verschiedensten Kräutern und Gewürzen. Man kann die Garnelen statt mit der etwas provokativen Kombination aus Vanille und Chili auch mit Thymian und Knoblauch braten oder mit Orangenschale und Curry abrunden.

Meine Kartoffel-Scampi-Suppe
mit Basilikum

Zutaten für 2 Personen

4 mehlig kochende Kartoffeln · Salz
6 Scampi (8/12er-Größe)
5 EL Olivenöl
1 Schalotte
1 TL Tomatenmark
100 ml Weißwein
600 ml Gemüsebrühe
1 Tomate
1 Knoblauchzehe
3 Stiele Basilikum
Pfeffer aus der Mühle

Die Kartoffeln schälen und in Salzwasser gar kochen. Die Scampi schälen, die Schalen waschen und gut abtropfen lassen. Die Scampi am Rücken entlang einschneiden und den schwarzen Darm entfernen. Die Scampi waschen und trocken tupfen, dann in kleine Würfel schneiden.

Die Scampischalen in 1 EL Olivenöl in einem kleinen Topf anbraten. Die Schalotte schälen, in feine Streifen schneiden, zu den Schalen geben und mitdünsten. Das Tomatenmark dazugeben und so lange rösten, bis sich Röststoffe am Topfboden gebildet haben. Mit dem Weißwein ablöschen und 200 ml Brühe angießen.

Die Tomate waschen, vierteln und den Stielansatz entfernen. Die Tomatenviertel in den Fond geben. Die Knoblauchzehe andrücken und ebenfalls hinzufügen. Das Basilikum waschen, trocken schütteln und die Blätter abzupfen.

Die Blätter in feine Streifen schneiden und die Stiele mit in den Scampifond geben. Den Scampifond aufkochen und zugedeckt bei mittlerer Hitze etwa 15 Minuten sanft köcheln lassen.

Den Fond durch ein feines Sieb gießen, dabei mit einer Schöpfkelle die Masse im Sieb gut ausdrücken. Den Fond erneut aufkochen, 2 EL Olivenöl dazugeben und mit dem Stabmixer pürieren. Die Scampiwürfel in den noch heißen, aber nicht mehr kochenden Sud geben, einmal durchrühren und ziehen lassen.

Die restliche Brühe erwärmen. Die gegarten Kartoffeln kurz ausdampfen lassen, noch heiß durch die Kartoffelpresse in einen Topf drücken, die heiße Brühe dazugießen und 2 EL Olivenöl hinzufügen. Mit dem Stabmixer zu einer sämigen, püreeähnlichen Masse mixen. Falls nötig, noch etwas Brühe hinzufügen und erneut unter Rühren erwärmen. Mit Salz und Pfeffer abschmecken.

Die Basilikumstreifen hinzufügen und die Suppe auf zwei Gläser verteilen. Die Scampi mit etwas Sud auf die Kartoffelsuppe geben. Nach Belieben mit Basilikum und gerösteten Brotscheiben garnieren.

Polenta-Zitronengras-Suppe
mit Peperonicroûtons

Zutaten für 2 Personen

1 kleine Zwiebel
4 EL Olivenöl
1/2 EL Currypulver
1 Schuss Weißwein
600 ml Gemüsebrühe
1/2 Mango
2 Stängel Zitronengras
3–4 EL Instantpolenta
4 Scheiben Toastbrot
1 grüne Peperoni
2 EL kalte Butter
Salz

Die Zwiebel schälen, in kleine Würfel schneiden und in einem Topf in 2 EL Olivenöl andünsten. Das Currypulver darüberstäuben, kurz mitdünsten und mit dem Weißwein ablöschen. Die Brühe dazugießen und alles aufkochen.

Die Mango schälen, das Fruchtfleisch zuerst in Spalten vom Stein und dann in kleine Würfel schneiden. Die Zitronengrasstängel putzen, längs halbieren und mit dem Plattiereisen oder einem kleinen Topf etwas flach klopfen. Die Zitronengrasstängel mit den Mangowürfeln in die kochende Brühe geben. Die Polenta unter Rühren einrieseln lassen und 1 bis 2 Minuten köcheln lassen, bis die Polenta aufquillt. Die Suppe von der Herdplatte nehmen und weitere 5 bis 8 Minuten zugedeckt ziehen lassen.

Inzwischen das Toastbrot entrinden und in kleine Würfel schneiden. Die Peperoni längs halbieren, entkernen, waschen und in feine Streifen schneiden. Die Toastbrotwürfel in einer Pfanne in 1 EL Olivenöl rundum goldbraun anbraten. 1 EL kalte Butter hinzufügen und aufschäumen lassen. Die Peperoni dazugeben und untermischen, alles mit 1 Prise Salz würzen. Die Brotwürfel aus der Pfanne nehmen und auf Küchenpapier abtropfen lassen.

Die Suppe erneut aufkochen lassen und mit Salz würzen. Den Topf vom Herd nehmen, das Zitronengras entfernen und die restliche Butter sowie das übrige Olivenöl mit dem Stabmixer untermixen. Die Suppe erneut erwärmen, auf tiefe Teller oder Schalen verteilen und die Peperonicroûtons darüberstreuen.

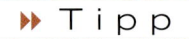
▸▸ Tipp

Statt Mango passt zu dieser Suppe auch hervorragend Ananas. Sie hat einen wunderbar fruchtigen Geschmack und sorgt zudem für einen zusätzlichen Hauch Exotik.

Kopfsalatsuppe
mit frittierter Petersilie

Zutaten für 2 Personen

50 g Lauch · 1/2 Zwiebel
1 Knoblauchzehe · 30 g Speck
100 g Erbsen (tiefgekühlt)
1 Kopfsalat
200 ml Gemüsebrühe
150 g Sahne · Salz
1/2 Bund Petersilie
Butterschmalz zum Frittieren

Den Lauch putzen, waschen und in grobe Ringe schneiden. Die Zwiebel und den Knoblauch schälen und in grobe Würfel schneiden. Den Speck in kleine Würfel schneiden. Den Kopfsalat waschen und trocken tupfen. Den Strunk herausschneiden und die äußeren Blätter in feine Streifen schneiden.

▼

Den Speck in einem Topf auslassen. Lauch, Zwiebel, Knoblauch, Erbsen und den Kopfsalatstrunk dazugeben und andünsten. Mit der Brühe ablöschen. Die Sahne dazugießen und die Kopfsalatstreifen – bis auf einige für die Deko – unterrühren. Alles mit dem Stabmixer fein pürieren und die Suppe mit Salz würzen.

▼

Die Petersilie waschen, trocken schütteln und die Blätter abzupfen. Das Butterschmalz in einer kleinen Pfanne erhitzen und die Petersilienblätter darin kross ausbacken. Auf Küchenpapier abtropfen lassen und salzen. Kurz vor dem Servieren die Suppe mit dem Stabmixer aufschäumen und auf tiefe Teller verteilen. Mit den restlichen Kopfsalatstreifen und der Petersilie bestreut servieren.

Selleriesüppchen
mit Lammfiletwürfeln

Zutaten für 6 Personen

1/4 kleine Sellerieknolle
120 ml Gemüsebrühe
100 g Sahne
Salz · Pfeffer aus der Mühle
2 EL Olivenöl
250 g Lammfilet
1 TL Butter
1/2 TL Zimtpulver

Den Sellerie schälen und in grobe Würfel schneiden. Mit der Brühe und der Sahne in einen Topf geben und zugedeckt bei schwacher Hitze 8 bis 10 Minuten weich kochen.

Die Selleriewürfel in der Garflüssigkeit mit dem Stabmixer fein pürieren. Die Suppe durch ein Sieb streichen, mit Salz und Pfeffer würzen. 1 EL Olivenöl mit dem Stabmixer unterschlagen.

Das Lammfilet in 1 bis 2 cm große Würfel schneiden, mit Salz und Pfeffer würzen und in einer Pfanne im restlichen Olivenöl bei mittlerer Hitze rasch anbraten. Die Pfanne vom Herd nehmen, die Butter und das Zimtpulver hinzufügen und aufschäumen lassen.

▼

Das Selleriesüppchen auf Espressotassen oder kleine Schälchen verteilen und die gebratenen Lammfiletwürfel hineingeben.

Feldsalatcappuccino

mit gerösteter Blutwurst

Zutaten für 6 Personen

150 g Feldsalat
400 g Sahne
Zimtpulver · Salz
1 Schalotte
1 TL Butter
1 Schuss Weißwein
200 ml Gemüsebrühe
1 TL Walnussöl
6 Walnusskerne
3 dicke Scheiben Blutwurst (à 20 g)
Mehl zum Bestäuben
1 TL Butterschmalz

Den Feldsalat verlesen, gründlich waschen und auf einem Sieb abtropfen lassen. 100 g Sahne mit 1 Prise Zimtpulver und 1 Prise Salz cremig schlagen.

Die Schalotte schälen, in kleine Würfel schneiden und in der Butter bei mittlerer Hitze glasig dünsten. Mit dem Wein ablöschen, die Brühe und die restliche Sahne hinzufügen, einmal aufkochen lassen und mit Salz abschmecken.

Den Feldsalat und das Walnussöl in die heiße Suppe geben und mit dem Stabmixer pürieren. Oder alle Zutaten im Mixer fein pürieren.

Die Walnusskerne grob hacken. Die Blutwurstscheiben halbieren und auf beiden Seiten mit Mehl bestäuben. Das Butterschmalz in einer beschichteten Pfanne erhitzen und die Blutwurstscheiben darin auf beiden Seiten kurz anbraten.

Die Blutwurstscheiben mit den Walnusskernen auf kleine Gläser verteilen. Mit der heißen Suppe aufgießen und jeweils etwas Zimtsahne als Klecks darauf- setzen. Nach Belieben mit Zimtpulver bestäuben.

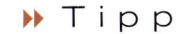

▸▸ T i p p

Anstatt mit Feldsalat können Sie den Cappuccino auch mit Rucola zubereiten. Und ganz nach Geschmack lassen sich Walnusskerne und Walnussöl durch Kürbiskerne und Kürbiskernöl ersetzen.

Blumenkohlcreme
mit gerösteten Brotscheiben

Zutaten für 2 Personen

200 g Blumenkohl
1 Kartoffel
200 g Sahne
60 g frisch geriebener Parmesan
Salz · Pfeffer aus der Mühle
3 Zweige Thymian
10 Scheiben Baguette
1 Knoblauchzehe
2 EL Olivenöl

Den Blumenkohl putzen, waschen und klein schneiden. Die Kartoffel schälen und in kleine Würfel schneiden. Die Sahne erhitzen, den Blumenkohl und die Kartoffelwürfel darin etwa 5 Minuten weich köcheln.

Den Parmesan dazugeben und alles mit dem Stabmixer zu einer homogenen Creme pürieren. Mit Salz und Pfeffer abschmecken.

Den Thymian waschen und trocken schütteln. Die Baguettescheiben mit dem Thymian und der angedrückten Knoblauchzehe in einer Pfanne im Olivenöl auf beiden Seiten knusprig braten. Die Blumenkohl-Parmesan-Creme in einem Schälchen anrichten, nach Belieben noch etwas geriebenen Parmesan darüberstreuen. Als Dip zu den Brotscheiben servieren.

Geröstetes Brot
mit Bergkäse, Karotten und Zwiebeln

Zutaten für 2–4 Personen

4 rote Zwiebeln
1 Bund junge Karotten (mit Grün)
1 EL Butterschmalz
4 Scheiben Speck
Salz · Pfeffer aus der Mühle
12 Walnusskerne
4 dicke Scheiben Schwarzbrot
1/2 Knoblauchzehe
1/2 EL Weißweinessig · 200 g Bergkäse

Die Zwiebeln schälen und achteln. Das Karottengrün bis auf 2 cm abschneiden, die Karotten unter fließendem Wasser mit einer Gemüsebürste waschen und längs vierteln. Die Hälfte des Butterschmalzes in einem Bräter erhitzen, die Zwiebeln und Karotten bei mittlerer Hitze mit dem Speck darin anbraten. Mit Salz und Pfeffer würzen, die Walnüsse dazugeben und anbraten. Den Backofen auf 150 °C (Umluft) vorheizen. Den Bräter mit Alufolie oder einem Deckel verschließen und alles 15 Minuten im Ofen schmoren.

Das restliche Butterschmalz in einer beschichteten Pfanne erhitzen. Die Schwarzbrotscheiben nach und nach im Butterschmalz auf einer Seite bei mittlerer Hitze knusprig braten. Auf Küchenpapier kurz abtropfen lassen und die gebratene Seite mit Knoblauch einreiben. Die Brotscheiben mit der gebratenen Seite nach oben auf eine Platte legen. Das Gemüse aus dem Ofen nehmen, mit dem Essig marinieren und auf den Brotscheiben verteilen. Den Bergkäse in hauchdünne Scheiben schneiden und auf das Gemüse legen. Die Brote sofort servieren.

Ricottapizza
mit Orangen und Speck

Zutaten für 2 Personen

Für den Teig:
60 g Ricotta
50 ml Milch
50 ml Olivenöl
Salz · 175 g Mehl
1/2 TL Backpulver
Für den Belag:
1 Kartoffel
1 Knoblauchzehe
3 Zweige Thymian
100 ml Milch
70 g Speckwürfel
Olivenöl · Salz
1/2 TL geschroteter Pfeffer
2 Orangen

Für den Teig Ricotta mit Milch, Olivenöl und 1 Prise Salz glatt rühren. Mehl und Backpulver dazugeben und alles zu einem geschmeidigen Teig verkneten. Falls nötig, noch etwas Milch oder Mehl hinzufügen. Den Teig mit etwas Mehl bestäuben, mit Frischhaltefolie abdecken und 10 Minuten ruhen lassen.

Für den Belag die Kartoffel schälen, in Salzwasser gar kochen und durch eine Kartoffelpresse drücken. Den Knoblauch schälen, den Thymian waschen und trocken schütteln. Beides mit der Milch aufkochen. Die Milch durch ein Sieb gießen und zu der heißen Kartoffelmasse geben. Alles zu einer glatten Creme verrühren.

Den Backofen auf 220 °C vorheizen. Den Speck in einer Pfanne in etwas Olivenöl knusprig braten. Den Speck in ein Sieb abgießen, das Specköl auffangen und unter die Kartoffelcreme rühren. Falls nötig, mit Salz abschmecken.

Den Teig auf einer leicht bemehlten Arbeitsfläche zu 2 runden Pizzen (ca. 20 cm Durchmesser) ausrollen, dabei einen Rand stehen lassen. Die Pizzen auf Backpapier legen.

Den Teig mit der Kartoffelcreme bestreichen und mit dem geschroteten Pfeffer bestreuen. Im Ofen auf der unteren Schiene 10 Minuten backen, bis die Unterseite der Pizzen hellbraun ist. Die Pizzen eventuell mit Alufolie abdecken. Die Orangen so schälen, dass auch die weiße Haut entfernt wird, und die Fruchtfilets herausschneiden. Die Pizzen aus dem Ofen nehmen und sofort mit den Orangen belegen, sodass sie durch die Resthitze der Pizza noch erwärmt werden. Den Speck darüberstreuen und die Pizzen sofort servieren.

▶▶ Tipp

Besonders gut schmeckt die Pizza, wenn Sie Blutorangen verwenden. Die aromatischen Zitrusfrüchte gibt es hauptsächlich von Dezember bis Anfang März.

Überbackener Mangold
mit Pilzen und Parmesanbröseln

Zutaten für 2 Personen

1 Staude Mangold · Salz · Olivenöl
3 Schalotten · 1/2 Knoblauchzehe
200 g Egerlinge oder Champignons
150 g Austernpilze
1 EL Aceto balsamico
10 Cocktailtomaten
4 Scheiben Toastbrot
50 g frisch geriebener Parmesan
3 Stiele Basilikum

Den Mangold putzen, die grünen Blätter abschneiden und anderweitig verwenden. Die Mangoldstiele klein schneiden und in kochendem Salzwasser 2 Minuten blanchieren. Eiskalt abschrecken und auf Küchenpapier abtropfen lassen. Eine Auflaufform mit Olivenöl einfetten und den Mangold darin verteilen.

▼

Die Schalotten schälen und in kleine Würfel schneiden. Den Knoblauch schälen und in feine Streifen schneiden. Die Pilze putzen und vierteln. Knoblauch und Schalotten in etwas Olivenöl bei mittlerer Hitze glasig dünsten. Die Pilze dazugeben und mitbraten. Mit Essig und Salz abschmecken, auf ein Brett geben und die Pilze fein hacken.

▼

Den Backofen auf 180 °C vorheizen. Die Tomaten waschen und halbieren. Das Toastbrot entrinden, im Mixer fein mahlen und mit dem geriebenen Parmesan mischen. Das Basilikum waschen, trocken schütteln und die Blätter abzupfen. Auf dem Mangold verteilen. Pilze und Tomaten daraufgeben, mit den Parmesanbröseln bestreuen und mit Olivenöl beträufeln. Im Ofen mit Grillfunktion 12 bis 15 Minuten überbacken.

Quarkschnitzel
mit Gurkenstreifen

Zutaten für 2 Personen

150 g Quark
1/2 Bund Schnittlauch
2 Eigelb
1/2 EL Speisestärke
70 g Semmelbrösel
Salz
1 Stück frischer Meerrettich
1 EL Butter
1 Salatgurke

Den Quark in ein Tuch geben und gut ausdrücken. Den Schnittlauch waschen, trocken schütteln und klein schneiden. Den Quark mit den Eigelben und der Stärke mischen. Den Schnittlauch und etwa 3 EL Semmelbrösel dazugeben. Mit Salz und frisch geriebenem Meerrettich abschmecken. Der Quarkteig sollte eine Konsistenz wie dickes Kartoffelpüree haben.

▼

Von der Quarkmasse kleine Portionen abnehmen und zu runden Talern formen. Auf beiden Seiten in den reslichen Semmelbröseln wälzen, kurz andrücken und in einer Pfanne in der aufgeschäumten Butter bei mittlerer Hitze auf beiden Seiten braten. Falls die Masse nicht zusammenhält, noch etwas mehr Semmelbrösel oder Stärke unter den Teig mischen.

▼

Die Gurke schälen und das Fruchtfleisch mit dem Sparschäler in langen Streifen abziehen. Kurz vor dem Servieren die Gurkenstreifen salzen – so ziehen sie kein Wasser und bleiben schön knackig. Die Gurkenstreifen dekorativ auf Teller legen und die Quarkschnitzel darauf anrichten.

Gefüllte Artischockenböden
mit saurer Sahne und Kräutersalat

Zutaten für 2 Personen

2 Artischocken
2 Schalotten
Olivenöl
300 ml Weißwein
200 ml Gemüsebrühe
1 Knoblauchzehe
4 Zweige Thymian
1 TL Korianderkörner
150 g saure Sahne
Salz · Saft von 1 Zitrone
gemischte Kräuter (z. B. Basilikum, Kerbel,
Estragon, Petersilie, Schnittlauch)
Meersalz

Von den Artischocken den Stiel abtrennen, die Hüllblätter zu zwei Dritteln abschneiden und die verbleibenden Hüllblätter rund um den Artischockenboden abschneiden. Das Heu mit einem Teelöffel entfernen.

Die Schalotten schälen und in grobe Würfel schneiden. Etwas Olivenöl in einem Topf erhitzen und die Schalotten darin andünsten. Mit dem Weißwein ablöschen, die Brühe angießen und die Artischocken sofort in den Sud legen. Die Knoblauchzehe andrücken und dazugeben. Die Thymianzweige und die Korianderkörner ebenfalls hinzufügen.

Die Artischockenböden im Sud bei schwacher Hitze etwa 6 Minuten weich kochen. Dann das Gemüse aus dem Sud heben, auf einen Teller legen, mit etwas Olivenöl marinieren und abkühlen lassen.

Die saure Sahne mit Salz und etwas Zitronensaft glatt rühren. Für den Kräutersalat die Kräuter waschen, trocken schütteln und nach Belieben klein schneiden oder zupfen. Den Kräutersalat in eine Schüssel geben und mit etwas Zitronensaft und Meersalz würzen.

Zum Servieren die Artischockenböden mit der sauren Sahne füllen, auf Teller setzen und den Kräutersalat dekorativ daneben anrichten.

▶ Tipp

Man kann die Artischocken zur Abwechslung auch einmal mit Ratatouille füllen und im Backofen bei 140 °C (Umluft) etwa 5 Minuten erwärmen. So sind sie eine perfekte Beilage zu Lammgerichten oder zu hellem Geflügel. Wer es herzhafter mag, füllt das Gemüse mit einer Hackfleischmasse (z. B. Hackbratensoufflé von Seite 75) und gart es im Ofen bei 150 °C (Umluft) etwa 15 Minuten. Die Artischocken dann am besten mit einer Kräutersauce und Bratkartoffeln servieren.

Avocado-Nuss-Creme
mit getoasteten Tramezzini

Zutaten für 6 Personen

2 EL geröstete Cashewkerne
1 Avocado
1/2 EL Zitronensaft
Salz
2 EL Sonnenblumenöl
1 TL Alexanders Würzöl (siehe Seite 8)
3 Scheiben Tramezzini-Brot

Die Cashewkerne grob hacken. Die Avocado schälen, halbieren und den Stein entfernen. Das Fruchtfleisch mit einer Gabel zerdrücken und mit Zitronensaft, Salz, den beiden Ölen und den Cashewkernen verrühren. Die Avocado-Nuss-Creme in ein Schälchen füllen.

Die Tramezzini-Brote je zweimal diagonal durchschneiden, sodass aus jeder Scheibe vier Dreiecke entstehen. Die Brotdreiecke in einer Pfanne auf beiden Seiten hellbraun rösten oder im Toaster toasten.

Das Schälchen mit der Avocado-Nuss-Creme auf einen großen Teller stellen und die Tramezzini-Dreiecke kreisförmig um das Schälchen anrichten.

Anstelle von Cashewkernen passen in die Avocadocreme auch gehackte Macadamianüsse oder Walnusskerne.

Ziegenfrischkäse
mit rosa Pfefferbeeren

Zutaten für 6 Personen

2 Scheiben Räucherspeck (ca. 50 g)
1 EL Olivenöl
4 blaue Feigen
250 g Ziegenfrischkäse (Rolle)
1 TL rosa Pfefferbeeren
Meersalz oder Alexanders Kräutersalz
(siehe Seite 10)

Den Speck in kleine Würfel schneiden und in einer Pfanne im heißen Olivenöl bei mittlerer Hitze langsam knusprig braten.

Die Feigen waschen, halbieren und den Stielansatz entfernen. Die Feigen zum Speck in die Pfanne geben und auf beiden Seiten 1 bis 2 Minuten leicht anbraten.

Die Feigen auf einen Teller geben und mit einer Gabel zerdrücken. Den gerösteten Speck hinzufügen und untermischen.

Die warme Feigenmasse auf kleine Teller verteilen. Den Ziegenfrischkäse in 6 Scheiben schneiden und auf den zerdrückten Feigen anrichten. Die rosa Pfefferbeeren im Mörser zerstoßen. Den Ziegenfrischkäse mit Meersalz oder Alexanders Kräutersalz, den Pfefferbeeren und etwas geröstetem Speck bestreuen. Wer mag, serviert den Ziegenkäse mit gerösteten dünnen Weißbrotscheiben.

Geröstetes Tomatenbrot
»Mallorca-Style«

Zutaten für 2 Personen

3 Stiele Petersilie
2 große Scheiben Bauernbrot
3 EL Olivenöl
1 Knoblauchzehe
1 reife Tomate
1 Rolle Ziegenfrischkäse (75 g)
Meersalz · Pfeffer aus der Mühle
1 unbehandelte Zitrone

Die Petersilie waschen und trocken schütteln, die Blätter abzupfen und in Eiswasser legen. Das Bauernbrot in einer Pfanne mit 2 EL Olivenöl und der angedrückten Knoblauchzehe auf beiden Seiten langsam kross braten. Auf Küchenpapier kurz abtropfen lassen.

▼

Die Tomate waschen, halbieren und mit den Schnittflächen über die warmen Brotscheiben reiben, dabei die Tomate etwas zusammendrücken, sodass sich das Fruchtfleisch gleichmäßig auf dem Brot verteilt und der Saft das Brot durchtränkt. Den Ziegenkäse in 6 bis 8 dünne Scheiben schneiden und auf die gerösteten Bauernbrote verteilen. Mit 1 Prise Meersalz und etwas Pfeffer würzen.

▼

Die Petersilie abtropfen lassen oder trocken schütteln. Die Zitrone heiß waschen, abtrocknen und die Schale fein abreiben. Die Petersilie mit Zitronenschale, Meersalz, Pfeffer und 1 EL Olivenöl marinieren. Dekorativ auf dem Ziegenfrischkäse verteilen.

Feigen
in Serranoschinken gebraten

Zutaten für 2 Personen

6 blaue Feigen
12 hauchdünne Scheiben Serranoschinken
1 unbehandelte Orange
1 EL Olivenöl
1 TL Butter
Pfeffer aus der Mühle

Die Feigen waschen, trocken tupfen und der Länge nach halbieren. Jede Hälfte in eine Scheibe Serranoschinken wickeln. Die Orange heiß waschen, abtrocknen und mit einem scharfen Messer etwas Schale dünn herunterschneiden. Die Orange dann mit dem Messer so schälen, dass die weiße Haut mit entfernt wird, und die Fruchtfilets herausschneiden.

▼

Die Feigen im Schinken mit der Schnittseite nach unten in einer großen Pfanne im Olivenöl langsam braten, dabei zwei- bis dreimal wenden, sodass der Schinken von allen Seiten gebraten wird. Aus der Pfanne nehmen. Die Butter mit der Orangenschale und den -filets in eine Pfanne geben, reichlich Pfeffer darübermahlen und aufschäumen lassen.

▼

Die Feigen dazugeben, einmal durchschwenken und auf Küchenpapier abtropfen lassen. Die Feigen mit den Orangenfilets sofort servieren.

Der schnellste Schweinebraten der Welt

mit Kopfsalat und Zwiebelvinaigrette

Zutaten für 2 Personen

12 dünn geschnittene Scheiben roher Schweinebauch
(4 mm dick; ohne Schwarte)
Salz · Pfeffer aus der Mühle
2 EL Butterschmalz
2 EL Zucker
200 ml Gemüsebrühe
1 Schuss Bier
1 TL Senf
ganzer Kümmel
1 EL Butter
1/2 Kopfsalat
2 rote Zwiebeln
2 Stiele Petersilie
1/4 Bund Schnittlauch
2 EL Rotweinessig
4 EL Sonnenblumenöl

Die Schweinebauchscheiben mit Salz und Pfeffer würzen und nacheinander in einer Pfanne im Butterschmalz auf beiden Seiten braun braten. Auf Küchenpapier abtropfen lassen.

Das Butterschmalz abgießen, die Pfanne mit Küchenpapier ausreiben, den Zucker hineingeben und hellbraun karamellisieren. Mit 100 ml Brühe ablösen, Bier, Senf, 1 Prise Kümmel und die Butter dazugeben und alles zu einer sämigen Glasur einkochen lassen.

Vom Kopfsalat den Strunk herausschneiden, den Salatkopf in 4 Stücke schneiden, waschen und trocken tupfen. Auf einer Platte oder zwei Tellern anrichten.

Die Zwiebeln schälen und in kleine Würfel schneiden. Die Petersilie waschen, trocken schütteln und hacken. Den Schnittlauch waschen, trocken tupfen und in Röllchen schneiden. Beide Kräuter mit den Zwiebeln, dem Essig, der restlichen Brühe und dem Sonnenblumenöl zu einer Marinade rühren. Mit Salz und Pfeffer würzen und über dem Kopfsalat verteilen.

Die Schweinebauchscheiben einzeln durch die Glasur ziehen und mit dem Salat anrichten. Die übrige Glasur darüberträufeln.

 **Tipp**

Die Glasur wird durch den Senf schön würzig, das Bier sorgt für eine herbe Note. Aber Vorsicht: Nicht zu viel Bier verwenden, sonst wird die Glasur bitter. Der karamellisierte Zucker gibt die Süße – und Kümmel gehört zu Schweinebraten einfach dazu.

Geflügelleber
in Mandelbutter mit Feldsalat

Zutaten für 2 Personen

200 g Geflügelleber
1 Birne
300 g Feldsalat
Salz
3 EL Nussöl
1 EL Butter
2 EL Mandelblättchen
Pfeffer aus der Mühle
1 Msp. Kakaopulver
1 Schuss Aceto balsamico

Die Geflügelleber putzen, waschen und trocken tupfen. Die Birne waschen, vierteln, das Kerngehäuse entfernen und das Fruchtfleisch in Würfel schneiden. Den Feldsalat verlesen, gründlich waschen und trocken schleudern. Mit etwas Salz und dem Nussöl marinieren und auf Teller verteilen.

Die Butter in einer Pfanne erhitzen und die Mandelblättchen, die Leber und die Birnenwürfel darin kurz braten. Mit 1 Prise Salz und Pfeffer würzen. Das Kakaopulver über die Leber stäuben und den Essig darübergeben. Die Leber und die Birnenwürfel zum Servieren auf dem Feldsalat anrichten.

Wachtel in der Folie
mit Zartweizen und Frühlingszwiebeln

Zutaten für 2 Personen

2 Frühlingszwiebeln
2–3 EL Olivenöl · Salz
100 g Zartweizen
250 ml Gemüsebrühe
1 TL Butter · 60 g Mandelblättchen
6 Wachtelbrüste
Pfeffer aus der Mühle
6 Champignons
1/2 Bund Thymian

Die Frühlingszwiebeln putzen, waschen, in feine Ringe schneiden und in 1 EL Olivenöl andünsten, salzen. Den Zartweizen dazugeben, die Brühe angießen und etwa 15 Minuten zugedeckt leicht köcheln lassen. Die Butter in einer Pfanne aufschäumen und die Mandeln mit etwas Salz darin braten. Auf einem Sieb abtropfen lassen. Die Butter auffangen und zum Zartweizen geben.

Die Wachtelbrüste salzen und pfeffern. In einer Pfanne in 1 EL Olivenöl auf beiden Seiten rasch anbraten, herausnehmen und auf einen Teller geben. Die Champignons putzen und in Scheiben schneiden, in die heiße Pfanne geben, mit Salz würzen und anbraten.

Den Backofen auf 170 °C (Umluft) vorheizen. Thymian waschen, trocken schütteln, auf ein etwa DIN-A4-großes Stück Alufolie legen. Die Wachtelbrüste darauflegen und die Pilze darauf verteilen. Mit Olivenöl beträufeln und die Alufolie so zusammenfalten, dass kein Dampf entweichen kann. Die Wachtelbrüste im Ofen 10 Minuten garen. Zum Servieren die Wachtelbrüste auf dem Zartweizen anrichten und die Pilze darauf verteilen. Mit Schmorsud und Mandelblättchen garnieren.

Kleine Gerichte

Riesengarnelen
mit Vanillezwiebeln und Basilikumöl

Zutaten für 2 Personen

6 Riesengarnelen
1 Knoblauchzehe
8 Cocktailtomaten
2 kleine Zwiebeln
1 Vanilleschote
6 EL Olivenöl · Zucker
1 Schuss Weißwein
50 ml Gemüsebrühe
Meersalz · Pfeffer
6 Stiele Basilikum

Von den Riesengarnelen den Kopf abdrehen, mit einer Schere die Unterseite aufschneiden und die Schale bis auf den Schwanzfächer ablösen. Die Rückenseite mit einem Messer nicht zu tief einschneiden und den Darm vorsichtig herausziehen. Die Garnelen waschen und auf Küchenpapier abtropfen lassen.

Den Knoblauch schälen und mit dem Messer zerdrücken. Die Cocktailtomaten waschen, halbieren und den Stielansatz entfernen. Die Zwiebeln schälen, halbieren und in Scheiben schneiden. Die Vanilleschote der Länge nach halbieren und das Mark herauskratzen.

Die Zwiebeln in 1 EL Olivenöl goldgelb andünsten, 1 Prise Zucker und das Vanillemark dazugeben und karamellisieren. Mit dem Weißwein ablöschen und die Brühe hinzufügen. Die Zwiebeln bei schwacher Hitze weich kochen und mit Meersalz und Pfeffer würzen.

Das Basilikum waschen, trocken schütteln und die Blätter abzupfen, einige Blätter zum Garnieren beiseitelegen, den Rest grob zerkleinern und mit etwas Meersalz, Pfeffer und 3 EL Olivenöl mit dem Stabmixer pürieren. Die Garnelen mit Meersalz und Pfeffer würzen und mit dem Knoblauch im restlichen Olivenöl bei mittlerer Hitze etwa 6 Minuten braten. Die Cocktailtomaten dazugeben und kurz mitbraten.

Die Vanillezwiebeln auf vorgewärmte Teller verteilen, die Garnelen und die Cocktailtomaten darauf anrichten. Mit dem Basilikumöl beträufeln und mit den restlichen Basilikumblättern garnieren.

Tipp

Einfacher geht's, wenn Sie bereits geschälte Garnelen kaufen, bei denen der Darm meist auch schon entfernt wurde. Tiefgekühlte Garnelen tauen Sie am besten im Kühlschrank auf. Legen Sie die Garnelen in ein Sieb und stellen einen tiefen Teller darunter, damit die Flüssigkeit abtropfen kann. Die aufgetauten Garnelen mit kaltem Wasser kurz abspülen und auf Küchenpapier abtropfen lassen.

Rote-Bete-Lachsforellen-Cannelloni
mit Kressesauerrahm und Feldsalat

Zutaten für 2 Personen

1 große Rote Bete · Salz
1 EL Sahnemeerrettich (aus dem Glas)
400 g Lachsforellenfilet
1 TL flüssige Butter
1/4 Kästchen Gartenkresse
2 EL saure Sahne
1/2 Zitrone
1/2 Schale Feldsalat
1 EL Nussöl

Die Rote Bete gründlich waschen und mit der Aufschnittmaschine oder einem langen, scharfen Messer 8 sehr dünne Scheiben herunterschneiden. Die Rote-Bete-Scheiben in Salzwasser etwa 30 Sekunden blanchieren, anschließend eiskalt abschrecken. Auf einem Küchentuch ausbreiten und trocken tupfen. Den Sahnemeerrettich gleichmäßig auf die Rote-Bete-Scheiben streichen.

Den Backofen auf 90 °C (Umluft) vorheizen. Das Lachsforellenfilet waschen, trocken tupfen und in 8 längliche Stücke schneiden. Auf die Rote Bete legen und das Ganze wie Cannelloni aufrollen. Falls nötig, die Enden mit einem scharfen Messer abschneiden. Mit etwas Salz würzen, auf ein leicht gefettetes Backblech setzen und mit der flüssigen Butter bestreichen. Im Ofen 7 bis 12 Minuten glasig garen.

Die Kresse waschen und trocken tupfen. Die saure Sahne mit etwas Zitronensaft nach Geschmack verrühren und mit Salz würzen. Die Kresse untermischen und kurz ziehen lassen. Den Feldsalat verlesen und in reichlich kaltem Wasser gründlich waschen. Wichtig ist, dass der Salat nicht mehr sandig ist. Falls nötig, den Salat mehrmals waschen. Vorsichtig trocken schleudern und mit dem Nussöl marinieren.

Die lauwarmen Rote-Bete-Lachsforellen-Cannelloni, eventuell auf einem Küchentuch kurz abtropfen lassen. In die Mitte von zwei Tellern verteilen, den Kressesauerrahm danebenträufeln und mit dem Feldsalat anrichten.

Tipp

Statt mit Roter Bete können Sie die Cannelloni auch mit Steckrübe, Sellerie oder gebratenen, aneinandergelegten Zucchinistreifen zubereiten.

Mallorcagarnelen-Paella
mit Austernpilzen

Zutaten für 2 Personen

12–14 rotschalige Mallorcagarnelen (15/30er-Größe)
1 Stiel Estragon
1 Tomate
4–5 EL Olivenöl
350 ml Gemüsebrühe
1 Knoblauchzehe (ungeschält)
6–8 Austernpilze
1 kleine Zwiebel
1 Zweig Rosmarin
10 Cocktailtomaten (an der Rispe)
Salz · Pfeffer aus der Mühle
150 g Paella- bzw. Risottoreis
100 ml Weißwein
1/2 Päckchen Safranfäden (0,05 g)

Die Garnelen schälen, die Schalen waschen und abtropfen lassen. Die Garnelen am Rücken entlang einschneiden und den dunklen Darm entfernen. Die Garnelen waschen und trocken tupfen. Den Estragon waschen und trocken schütteln. Die Tomate waschen und vierteln, dabei den Stielansatz herausschneiden.

▼

Die Garnelenschalen in 1 EL Olivenöl in einem mittelgroßen Topf anrösten. Die Brühe dazugießen, den angedrückten Knoblauch, Estragon und Tomatenviertel dazugeben und alles zugedeckt etwa 10 Minuten leicht köcheln lassen. Durch ein Sieb abgießen, dabei den entstandenen Fond auffangen und beiseitestellen.

▼

Die Garnelen längs halbieren. Die Pilze putzen, trocken abreiben und in dünne Streifen schneiden. Die Zwiebel schälen und in kleine Würfel schneiden. Den Backofen auf 160 °C (Umluft) vorheizen.

Den Rosmarinzweig waschen und trocken schütteln. Die Cocktailtomaten mit Grün und den Rosmarin mit 1 EL Olivenöl sowie etwas Salz und Pfeffer in eine kleine Auflaufform oder auf einen kleinen ofenfesten Teller geben. Im Ofen 8 bis 10 Minuten schmoren lassen. Die Tomaten sollen leicht aufplatzen.

▼

Die Zwiebel in einem mittelgroßen Topf in 1 EL Olivenöl andünsten. Den Paella- bzw. Risottoreis hinzufügen und kurz mitdünsten. Sofort mit etwas Salz würzen. Mit Weißwein ablöschen und unter ständigem Rühren bei mittlerer Hitze sanft köcheln. So viel Garnelenfond dazugießen, dass der Reis bedeckt ist. Den Fond langsam einkochen lassen, dabei immer wieder umrühren. Nach 15 Minuten, falls nötig, noch etwas Fond dazugießen. Den Safran hinzufügen, gut unterrühren und den Reis weitere 5 Minuten leicht köcheln lassen. Beiseitestellen und noch etwas ziehen lassen.

▼

Die Garnelen und die Austernpilze in einer beschichteten Pfanne in 1 EL Olivenöl mit etwas Salz und Pfeffer rasch anbraten. Den Paellareis auf eine große Platte oder Schüssel verteilen. Die Garnelen und die Pilze daraufgeben und mit den geschmorten Cocktailtomaten garnieren. Nach Belieben Zitronenviertel zur Paella reichen.

Pochierter Lachs
mit Schnittlauchbutter

Zutaten für 2 Personen

2 EL Butter
¼ Bund Schnittlauch
100 g Lachsfilet (ohne Haut und Gräten)
Salz · Pfeffer aus der Mühle
1 festkochende Kartoffel
Butterschmalz zum Braten
¼ Salatgurke
1 Schalotte
50 g Naturjoghurt
Saft von 1 Zitrone

Den Backofen auf 80 °C (Umluft) vorheizen. Die Butter in einem kleinen Topf schmelzen. Den Schnittlauch waschen, trocken schütteln, in Röllchen schneiden und unter die Butter mischen. Den Fisch waschen, trocken tupfen und mit der Schnittlauchbutter bestreichen. Mit Salz und Pfeffer würzen, auf einen ofenfesten Teller legen und im Ofen auf der mittleren Schiene etwa 17 Minuten glasig garen.

▼

Inzwischen die Kartoffel schälen und in dünne Spalten schneiden. Das Butterschmalz in einer Pfanne erhitzen und die Kartoffelspalten darin bei mittlerer Hitze etwa 8 Minuten knusprig braten. Die Gurke und die Schalotte schälen und in kleine Würfel schneiden. Den Joghurt mit Zitronensaft und Salz glatt rühren. Kurz vor dem Servieren die Gurken- und Schalottenwürfel zu den Kartoffeln geben und einmal durchschwenken. Auf Küchenpapier abtropfen lassen und auf Tellern anrichten. Den Lachs auf die Kartoffeln setzen und mit der Joghurtmarinade beträufeln.

Gebratener Seeteufel
auf Safrangurken

Zutaten für 2 Personen

2 Strauchtomaten
1–2 Stiele Basilikum
1 EL weißer Aceto balsamico
Salz · Pfeffer aus der Mühle
4 EL Olivenöl
6 Scheiben Safrangurken (siehe Seite 202)
350 g Seeteufelfilet
etwas Mehl zum Bestäuben
1 Knoblauchzehe
3–4 Zweige Thymian
1 EL Süßrahmbutter

Die Strauchtomaten kreuzweise einritzen, überbrühen, kalt abschrecken und häuten. Die Kerne entfernen und das Fruchtfleisch in Würfel schneiden. Das Basilikum waschen und trocken schütteln, die Blätter abzupfen und hacken. Die Tomaten mit Essig, Salz, Pfeffer, Basilikum und 3 EL Olivenöl vermischen. Die Safrangurken in einem Topf erwärmen.

▼

Den Fisch waschen, trocken tupfen und in 6 Medaillons portionieren. Mit Salz und Pfeffer würzen und mit Mehl bestäuben. In einer Pfanne in 1 EL Olivenöl mit dem angedrückten Knoblauch und dem Thymian auf beiden Seiten langsam leicht kross braten.

▼

Die Gurkenscheiben auf einer tiefen Platte verteilen, die Seeteufelmedaillons daraufsetzen und die Tomatenvinaigrette gleichmäßig darübergeben. Den Gurken-Safran-Sud mit der Süßrahmbutter aufmixen und nur den Schaum darübergeben.

Hackbratensoufflé
mit Rahmspargel

Zutaten für 2 Personen

2 Eier · Salz
1/2 Zwiebel
300 g gemischtes Hackfleisch
1 eingeweichte Breze oder Laugenstange
Pfeffer aus der Mühle
1–2 EL Butter
500 g weißer oder grüner Spargel
150 g Sahne
1 Tomate · etwas Gartenkresse

Den Backofen auf 180 °C vorheizen. Die Eier trennen, die Eiweiße mit 1 Prise Salz sehr steif schlagen. Die Zwiebel schälen und in kleine Würfel schneiden. Mit Eigelben, Hackfleisch, der eingeweichten Breze, Salz und Pfeffer gut mischen. Den Eischnee vorsichtig unterheben. Zwei ofenfeste Tassen oder Auflaufformen mit Butter einfetten, die Masse einfüllen und im Wasserbad im Ofen 14 bis 18 Minuten garen.

▼

Den Spargel schälen und die Enden abschneiden, den grünen Spargel nur im unteren Drittel schälen. Die Spargelstangen schräg in Scheiben schneiden, die Köpfe ganz lassen. Den Spargel in 1/2 EL Butter andünsten und mit etwas Salz würzen. Die Sahne dazugießen und bei mittlerer Hitze 3 bis 4 Minuten köcheln lassen.

▼

Die Tomate waschen, vierteln, Stielansatz und Kerne entfernen und das Fruchtfleisch in sehr kleine Würfel schneiden. Kurz vor dem Servieren zum Spargel geben, etwa 30 Sekunden mitgaren, mit der Kresse würzen. Das Gemüse auf Teller verteilen, das Soufflé aus den Förmchen stürzen und daneben anrichten.

Saiblingsfilet
mit Spargel und Nussbutter

Zutaten für 2 Personen

500 g grüner Spargel
1/2 EL Butterschmalz
1/2 Bund Salbei
1 Knoblauchzehe
2 Saiblingsfilets (à 120 g)
Salz · Pfeffer aus der Mühle
1 EL Butter
abgeriebene Schale und Saft
von 1 unbehandelten Zitrone

Den Spargel im unteren Drittel schälen und die Enden abschneiden. Den Spargel schräg in längliche Stücke schneiden, die Spargelköpfe ganz lassen. Den Spargel in einer beschichteten Pfanne im Butterschmalz bei mittlerer Hitze 3 Minuten langsam braten. Die Pfanne mehrmals schwenken oder den Spargel mit einem Löffel umrühren.

▼

Den Salbei waschen und trocken tupfen, die Blätter abzupfen und zum Spargel geben. Den Knoblauch andrücken und ebenfalls dazugeben. So lange mitbraten, bis der Salbei schön kross ist. Den Backofen auf 70 °C vorheizen. Die Saiblingfilets waschen, trocken tupfen und in dünne Scheiben schneiden. Auf zwei Teller oder eine Platte verteilen, mit etwas Salz und Pfeffer würzen und im Ofen 5 bis 6 Minuten erwärmen.

▼

Den Spargel mit dem Salbei auf dem Fisch verteilen. Die Butter aufkochen und leicht braun werden lassen, sodass Nussbutter entsteht. Etwas Salz dazugeben und mit Zitronenschale und -saft abschmecken. Diese Vinaigrette über den Saibling und den Spargel träufeln und sofort servieren.

Mango-Chili-Chutney
mit Schalotten

Zutaten für 6 Personen

7 Schalotten
½ Knoblauchzehe
2 EL Olivenöl
200 ml Weißwein
1 Mango · Chiliflocken
Salz · Pfeffer aus der Mühle

Die Schalotten schälen und in kleine Würfel schneiden. Den Knoblauch schälen. Das Olivenöl in einem Topf erhitzen und die Schalotten darin andünsten.

Mit dem Weißwein ablöschen, den Knoblauch dazugeben und die Flüssigkeit um ein Drittel einkochen lassen. Die Mango schälen, das Fruchtfleisch vom Stein schneiden und grob raspeln. Zu den Schalotten geben und alles zu einem Chutney einkochen lassen. Mit Chiliflocken, Salz und Pfeffer würzen.

> *Statt mit Mango kann man auch mit Papaya oder Ananas ein raffiniertes Chutney kochen.*

Poulardenspieße
mit Scampi und Oliventoast

Zutaten für 6 Personen

2 Maispoulardenbrüste (ohne Haut)
12 Scampi
12 Holzspieße
Salz · Pfeffer aus der Mühle
2–3 Scheiben Tramezzini-Brot
2 EL Olivenpaste

Die Maispoulardenbrüste waschen, trocken tupfen und in 12 dicke Stücke schneiden. Die Scampi schälen (das hintere Schwanzstück nach Belieben dranlassen). Die Scampi am Rücken entlang einschneiden und den dunklen Darm entfernen, die Scampi waschen und trocken tupfen. Jeweils 1 Scampo und 1 Stück Poulardenbrust auf gewässerte Holzspieße stecken, mit Salz und Pfeffer würzen. Die Spieße auf beiden Seiten saftig grillen.

Die Brotscheiben mit der Olivenpaste bestreichen, jeweils 2 Brotscheiben aufeinanderlegen und auf beiden Seiten kross grillen. Dazu das Mango-Chili-Chutney (siehe links) servieren.

Kürbis mit Chilipaste
im Pergamentpapier geschmort

Zutaten für 2 Personen

2 rote Paprikaschoten
5 EL Olivenöl
3 rote Chilischoten
2 Knoblauchzehen
1 Zweig Rosmarin
6 getrocknete Tomaten
1 TL gemahlener Szechuanpfeffer
Meersalz
400 g Muskatkürbis-Fruchtfleisch
1 Eiweiß
2 EL Kürbiskerne
1 Kugel Büffelmozzarella (125 g)
1 TL Kürbiskernöl

Die Paprikaschoten halbieren, entkernen und waschen. Die Haut dünn mit etwas Olivenöl einstreichen und die Paprikahälften mit der Hautseite nach oben auf ein Backblech setzen. Unter dem Grill 4 bis 6 Minuten garen, bis die Haut schwarze Blasen wirft. Die Haut mit einem Messer abziehen und das Fruchtfleisch in kleine Würfel schneiden oder mit dem Stabmixer zerkleinern.

Die Chilischoten längs halbieren, entkernen, waschen und in Streifen schneiden. Den Knoblauch schälen und fein hacken. Den Rosmarin waschen und trocken schütteln, die Nadeln abzupfen und fein hacken. Die getrockneten Tomaten in kleine Würfel schneiden.

In einem großen Mörser die Paprikawürfel mit Chili, Knoblauch, Rosmarin und den getrockneten Tomaten fein zerreiben. Den Szechuanpfeffer und 1 TL Meersalz hinzufügen und zerreiben, dabei 3 EL Olivenöl nach und nach einlaufen lassen und unterrühren.

Den Backofen auf 180 °C (Umluft) vorheizen. Das Kürbisfruchtfleisch in 6 bis 8 gleich große Spalten schneiden und nebeneinander in eine ofenfeste Form legen. Die Chilipaste auf dem Kürbis verteilen. Einen Bogen Pergamentpapier so zurechtschneiden, dass er als Deckel auf die Form passt und 2 bis 3 cm übersteht. Das Pergamentpapier mit verquirltem Eiweiß bestreichen, kurz aufweichen lassen, auf die Auflaufform legen und den Rand gut andrücken. Den Kürbis im Ofen 18 bis 20 Minuten garen. 5 Minuten vor Ende der Garzeit die Kürbiskerne auf einen ofenfesten Teller geben, zum Kürbis in den Ofen stellen und knusprig rösten.

Den Mozzarella in kleine Stücke schneiden und mit Meersalz und 2 EL Olivenöl marinieren. Den Kürbis in der Form servieren und bei Tisch mit einem scharfen Messer den Pergamentdeckel aufschneiden. Die Kürbiskerne darüberstreuen und das Kürbiskernöl daraufträufeln. Die Mozzarellastücke auf dem geschmorten Kürbis verteilen.

Rucolasalat
mit Linsen-Vinaigrette

Zutaten für 2 Personen

2 Bund Rucola
4 EL kleine Linsen (z. B. Berglinsen)
2 Scheiben gekochter Schinken
4–5 EL Olivenöl
1 Schuss Gemüsebrühe
2 EL Aceto balsamico
2 EL saure Sahne
Salz · Pfeffer aus der Mühle

Den Rucola verlesen, dabei die harten Stiele großzügig abschneiden. Den Rucola waschen, trocken schleudern und zerkleinern.

Die Linsen in Wasser etwa 20 Minuten gar köcheln. Den Schinken in Würfel schneiden und in einer kleinen Pfanne mit etwas Olivenöl anbraten. Die Linsen in ein Sieb abgießen, abtropfen lassen und dazugeben. Mit der Brühe ablöschen und den Essig hinzufügen.

Die Linsen vom Herd nehmen und das restliche Olivenöl unterrühren, mit Salz und Pfeffer würzen. Die Linsen-Vinaigrette lauwarm über den Rucolasalat träufeln. Die saure Sahne mit Salz und Pfeffer würzen und über den Salat geben.

Berglinsen sind kleine, schwarzgrüne oder rötlich braune Linsen, die sehr aromatisch sind und beim Kochen in Form bleiben. Verwenden Sie am besten eine Sorte, die man nicht einweichen muss.

Blumenkohlsalat
mit Salbei und Chorizo

Zutaten für 2 Personen

1/2 kleiner Blumenkohl
4 EL Olivenöl
Salz · Pfeffer aus der Mühle
1 rote Chilischote
6 Salbeiblätter · 1 EL Butter
1/2 kleiner Kopfsalat
2 EL Aceto balsamico
15 dünne Scheiben Chorizo (span. Paprikawurst)

Den Blumenkohl putzen, waschen, in Röschen zerteilen und in 2 EL Olivenöl bei mittlerer Hitze braten. Mit Salz und Pfeffer würzen. Die Chilischote waschen, abtrocknen und mit dem Messer zerdrücken. Mit den Salbeiblättern und der Butter zum Blumenkohl geben und mitbraten, bis die Salbeiblätter kross sind. Das gegarte Gemüse auf Küchenpapier abtropfen lassen.

Den Kopfsalat putzen, waschen und trocken schleudern, die Blätter auf eine Platte legen. Den Essig mit dem restlichen Olivenöl und 1 Prise Salz verquirlen und den Salat damit beträufeln. Die Blumenkohlröschen, den Salbei und die Chorizo auf dem Salatbett verteilen und servieren.

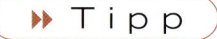

Probieren Sie dieses Rezept statt mit Blumenkohl auch einmal mit Romanesco, einer grünen Blumenkohlzüchtung.

Wachtel-Nudel-Salat
aus der Folie

Zutaten für 2 Personen

10 Egerlinge · 12 Cocktailtomaten
4 Stiele Estragon
1 kleiner Zucchino
2 ausgelöste Wachteln (Brust und Keule)
Meersalz · Pfeffer aus der Mühle
50 g sehr bissfest gegarte Penne
1 Schuss Aceto balsamico
Olivenöl

Die Egerlinge putzen und vierteln. Die Cocktailtomaten waschen und vierteln, dabei den Stielansatz entfernen. Den Estragon waschen, trocken schütteln und die Blätter abzupfen. Den Zucchino putzen, waschen und der Länge nach in dünne Scheiben schneiden. Das Wachtelfleisch mit Meersalz und Pfeffer würzen. Die Penne mit Meersalz, Pfeffer, Essig und etwas Olivenöl würzen. Den Backofen auf 200 °C vorheizen.

▼

Einen etwa 40 cm langen Bogen Alufolie in der Mitte mit etwas Olivenöl bestreichen. Die Zucchinischeiben leicht überlappend darauf anordnen. Das Wachtelfleisch auf die Zucchini legen. Egerlinge, Cocktailtomaten und Estragon mit Meersalz und 2 EL Olivenöl würzen und auf das Fleisch geben. Die gewürzten Penne darübergeben.

▼

Die Seiten der Alufolie nach oben ziehen und über dem Nudelsalat fest zusammenfalten, dabei darauf achten, dass möglichst viel Raum für die Dampfentwicklung bleibt. Im Ofen etwa 20 Minuten garen. Das Päckchen erst am Tisch öffnen.

Tomaten-Brot-Salat
mit Pesto

Zutaten für 2 Personen

1 Bund Basilikum
1/2 Bund Petersilie
2 EL Pinienkerne
4 Scheiben Knoblauch
1/2 TL Meersalz
200 ml sehr gutes Olivenöl
2 EL frisch geriebener Parmesan
4 Tomaten
1 großes Ciabatta-Brötchen
Pfeffer aus der Mühle
Aceto balsamico

Basilikum und Petersilie waschen, trocken schütteln und die Blätter abzupfen, einige Blätter zum Garnieren beiseitelegen. Pinienkerne, Knoblauch, Meersalz, Basilikum und Petersilie im Mörser zerreiben. Nach und nach das Olivenöl bis auf 3 EL dazugeben, zum Schluss den Parmesan unterrühren.

▼

Die Tomaten kreuzweise einritzen, überbrühen, kalt abschrecken und häuten. Tomaten vierteln, dabei den Stielansatz und die Kerne entfernen. Die Tomatenviertel halbieren. Das Ciabatta-Brötchen in Stücke zerteilen und im restlichen Olivenöl knusprig braten. Die Tomaten dazugeben, mit Salz und grob gemahlenem Pfeffer würzen, kurz erhitzen und mit 1 Spritzer Essig abschmecken.

▼

Den Tomaten-Brot-Salat auf Tellern anrichten, mit dem Pesto beträufeln und mit gehackten oder ganzen Kräuterblättern garnieren.

Pilz-Chips-Lasagne
mit Schnittlauchquark

Zutaten für 2–4 Personen

Für die Pilz-Chips-Lasagne:
250 g gemischte Pilze
(Egerlinge, Champignons, Austernpilze)
1 Schalotte · 1 TL Butter
1 EL Sonnenblumenkerne
Zucker · 1 EL Rotweinessig
1 Schuss Gemüsebrühe
Salz · Pfeffer aus der Mühle
1–2 EL Öl
1 kleines Stück älteres Sauerteigbrot
Für den Schnittlauchquark:
1/2 Bund Schnittlauch
1/2 Knoblauchzehe
100 g Quark · Milch
Salz · Pfeffer aus der Mühle

Für die Lasagne die Pilze putzen, trocken abreiben und in dünne Scheiben schneiden. Die Schalotte schälen, in kleine Würfel schneiden und in der Butter glasig dünsten.

Die Sonnenblumenkerne und die Pilzscheiben zu den Schalottenwürfeln geben und mitbraten, bis die aus den Pilzen ausgetretene Flüssigkeit verdampft ist. 1 Prise Zucker darüberstreuen und karamellisieren. Mit Essig und Brühe ablöschen, mit Salz und Pfeffer würzen und wieder einkochen lassen. Das Öl untermischen und die Pilzmischung abkühlen lassen. Den Backofen auf 170 °C vorheizen.

Das Brot mit der Aufschnittmaschine oder einem scharfen Messer in 12 hauchdünne Scheiben schneiden und nebeneinander auf ein mit Backpapier ausgelegtes Backblech legen. Mit Backpapier bedecken und mit einem kleineren Blech oder einer ofenfesten Platte beschweren, damit die Brote sich beim Backen nicht wölben. Die Brotscheiben im Ofen etwa 8 Minuten knusprig rösten.

Für den Quark den Schnittlauch waschen und trocken schütteln. Einige Halme zur Seite legen, den Rest in feine Röllchen schneiden. Den Knoblauch schälen und durch die Presse zum Quark drücken. Den Quark mit etwas Milch glatt rühren und mit Salz und Pfeffer würzen. Die Schnittlauchröllchen untermischen.

Abwechselnd Brotchips, Schnittlauchquark und Pilzmischung so übereinanderschichten, dass mehrere Portionen entstehen. Mit einer Lage Brotchips abschließen. Die Pilz-Chips-Lasagne mit Pilzmarinade beträufeln und mit den Schnittlauchhalmen garnieren. Auf einer Platte servieren.

▸▸ Tipp

Probieren Sie doch auch einmal diese Lasagne-Variante: Chips aus Ciabatta-Scheiben, geschichtet mit geschmorten Tomaten und klein geschnittenem Rucola.

Cocktailtomaten
in Balsamico geschmort

Zutaten für 6 Personen

24–30 Cocktailtomaten (an der Rispe)
8 Zweige Thymian
1–2 Knoblauchzehen
Meersalz
2 EL Aceto balsamico
3–4 EL Olivenöl

Den Backofen auf 180 °C (Umluft) vorheizen. Die Cocktailtomaten mit einer Schere von der Rispe schneiden, dabei den Stielansatz dranlassen. Die Cocktailtomaten waschen. Den Thymian waschen, trocken schütteln und die Blättchen abzupfen. Den Knoblauch schälen und in Scheiben schneiden.

Die Tomaten mit Thymian und Knoblauch in eine Auflaufform geben und mit Meersalz bestreuen. Den Essig und das Olivenöl darübergeben. Die Tomaten im Ofen etwa 12 Minuten schmoren, bis sie leicht aufplatzen. Die Tomaten nach dem Schmoren noch 30 Minuten im Fond marinieren.

Gegrillte Aubergine
mit Mozzarella und Salami gefüllt

Zutaten für 6 Personen

1–2 mittelgroße Auberginen
150 g Büffelmozzarella
12 sehr dünne Salamischeiben
2–3 Stiele Basilikum
2 Frühlingszwiebeln
1–2 EL weißer Aceto balsamico
2–4 EL Olivenöl
Salz · Pfeffer aus der Mühle

Die Aubergine(n) putzen, waschen und in 6 große, etwa 1 1/2 cm dicke Scheiben schneiden. Die Scheiben waagerecht bis zu zwei Dritteln einschneiden. Den Mozzarella in Scheiben schneiden und einzeln in die Salamischeiben wickeln. Die Auberginenscheiben damit füllen. Die Auberginen auf beiden Seiten leicht braun grillen.

Das Basilikum waschen und trocken schütteln, die Blätter abzupfen und klein schneiden. Die Frühlingszwiebeln putzen, waschen und in Ringe schneiden. Mit Essig und Olivenöl zu einer Vinaigrette verrühren. Das Basilikum untermischen und mit Salz und Pfeffer würzen. Die Auberginenscheiben mit der Vinaigrette beträufeln und servieren.

➡ Tipp

Mit ein bisschen Übung kann man auch eine ganze Aubergine einschneiden und füllen. Im Ganzen gegrillt wird sie noch aromatischer.

Gebackener grüner Spargel

mit Safran-Limetten-Dip

Zutaten für 2 Personen

12 Stangen grüner Spargel
Salz · Zucker
50 g Mehl · 1 TL Speisestärke
1 TL Sesamsamen
1 Schuss Weißwein
Butterschmalz zum Ausbacken
1 unbehandelte Limette
2 Safranfäden
2 EL Crème fraîche

Den Spargel waschen, die Enden abschneiden und die Stangen im unteren Drittel schälen. Den Spargel halbieren und in einem Topf in kochendem Wasser mit Salz und 1 Prise Zucker blanchieren. Die Spargelstangen in ein Sieb abgießen, eiskalt abschrecken und gut abtropfen lassen. Den Spargel salzen.

▼

Das Mehl mit der Stärke und dem Sesam in einer Schüssel verrühren und so viel Weißwein hinzufügen, dass ein glatter Teig entsteht. Das Butterschmalz in einem großen Topf erhitzen. Die Spargelstangen durch den Teig ziehen und im heißen Butterschmalz rundum ausbacken. Anschließend auf Küchenpapier abtropfen lassen.

Die Limette heiß waschen und abtrocknen. Die Schale abreiben und den Saft auspressen. Limettenschale und -saft in einem kleinen Topf zum Kochen bringen. Den Safran dazugeben und den Topf vom Herd ziehen. Die Mischung abkühlen lassen.

▼

Die abgekühlte Safran-Limetten-Mischung mit der Crème fraîche und 1 Prise Salz verrühren. Den gebackenen Spargel auf Tellern anrichten und mit dem Safran-Limetten-Dip servieren.

▸▸ **T i p p**

Der Teig ist das Besondere an diesem Gericht: Er ist sehr knusprig und dabei herrlich dünn! Man kann mit ihm nahezu jede Gemüsesorte umhüllen und ausbacken – das Gemüse sollte jedoch nicht zu wasserhaltig sein, wie z. B. Tomaten oder Gurken. Geeignet ist klassisches Wurzelgemüse wie Karotten, Sellerie und Petersilienwurzeln (alles wie der Spargel kurz vorgegart!), das durch das Ausbacken einen Tick Raffinesse bekommt. Aber auch Blumenkohl wird durch den krossen Teigmantel zu einem kulinarischen Highlight.

Artischockenminestrone
mit geschmorten Rosmarintomaten

Zutaten für 2–4 Personen

10 Cocktailtomaten (an der Rispe)
1 Zweig Rosmarin
3 EL Olivenöl
1 große Artischocke
3 Schalotten
1 Knoblauchzehe
150 g weiche italienische Salami
600 ml Gemüsebrühe
80 g kleine Suppennudeln
Salz
100 g weiße Bohnen (aus der Dose)
5 Stiele Petersilie
2 EL frisch geriebener Parmesan

Den Backofen auf 160 °C (Umluft) vorheizen. Die Cocktailtomaten waschen und trocken tupfen. Den Rosmarin waschen, trocken tupfen und die Nadeln abzupfen. Die Tomaten mit den Rosmarinnadeln und 2 EL Olivenöl in eine Auflaufform geben und zugedeckt im Ofen 8 Minuten schmoren.

Von der Artischocke zuerst den Stiel abtrennen. Die Hüllblätter zu zwei Dritteln abschneiden und die übrigen Hüllblätter rund um den Artischockenboden ebenfalls abschneiden. Das »Heu« mit einem Teelöffel auslösen. Den Artischockenboden halbieren, in feine Scheiben schneiden und in 1 EL Olivenöl anbraten.

Die Schalotten schälen, halbieren und in feine Streifen schneiden. Den Knoblauch schälen und andrücken. Die Salami in kleine Würfel schneiden. Alles zu den Artischocken geben und kurz mitbraten. Die Brühe dazugießen und die Suppennudeln dazugeben, eventuell mit Salz würzen und zugedeckt 6 bis 8 Minuten bei mittlerer Hitze gar köcheln.

Die Bohnen in ein Sieb abgießen, mit lauwarmem Wasser abbrausen und abtropfen lassen. Die Petersilie waschen und trocken schütteln, die Blätter abzupfen und hacken. Die Bohnen und die Petersilie zur Minestrone geben. In einer großen Suppenschüssel oder in tiefen Tellern anrichten, mit den geschmorten Cocktailtomaten aus dem Ofen garnieren. Etwas Rosmarinöl darüberträufeln und mit dem geriebenen Parmesan bestreuen.

> **▸▸ Tipp**
>
> *Für dieses Rezept sollten Sie unbedingt frische Artischocken und keine Artischockenböden aus dem Glas oder aus der Dose verwenden. Diese sind meist säuerlich eingelegt, was dem Geschmack der Suppe nicht guttut. Außerdem geben sie zu wenig Artischockenaroma an die Suppe ab.*

Herzhafte Ricottanocken
mit Pfefferzwetschgen

Zutaten für 2 Personen

5 Zwetschgen
1 Zimtstange
1/2 TL schwarze Pfefferkörner
Meersalz
1 Schuss Rotwein
1 Ei
220 g Ricotta
2–3 Scheiben Salami
2 Stiele Basilikum
1 TL Speisestärke
2–3 EL Semmelbrösel
1 unbehandelte Zitrone
1 EL Olivenöl
1 TL Butter
1 EL alter Aceto balsamico oder
Alexanders Balsamicosirup (siehe Seite 9)

Den Backofen auf 180 °C (Umluft) vorheizen. Die Zwetschgen waschen und halbieren, den Stein entfernen und die Zwetschgenhälften mit der Schnittfläche nach unten in eine Auflaufform geben. Die Zimtstange hinzufügen, die Pfefferkörner und etwas Meersalz darüberstreuen. Den Rotwein angießen und die Form mit Alufolie gut verschließen. Die Zwetschgen im Ofen 15 bis 20 Minuten schmoren.

Das Ei trennen. Den Ricotta mit dem Eigelb verrühren. Das Eiweiß beiseitestellen. Die Salami in kleine Würfel schneiden. Basilikum waschen und trocken schütteln, die Blätter abzupfen und fein hacken. Beides zum Ricotta geben, mit etwas Salz würzen. Die Stärke dazugeben und alles gut verrühren. Das Eiweiß mit 1 Prise Salz steif schlagen und vorsichtig unter die Ricottamasse heben. Die Semmelbrösel hinzufügen und untermischen, bis die Konsistenz eines locker-leichten Kartoffelpürees entsteht.

Die Zitrone heiß waschen und abtrocknen, von der Schale 1 bis 2 dünne Streifen abschneiden. In einer Pfanne das Olivenöl erhitzen. Vom Ricotta mit einem Löffel Nocken abstechen. Die Ricottanocken in der Pfanne im Öl bei schwacher Hitze rundum knusprig braten – die Ricottanocken sollen innen noch luftig sein. Die Butter in die heiße Pfanne geben und die Zitronenstreifen hinzufügen. Die Nocken in der Zitronenbutter schwenken und beiseitestellen.

Die Zwetschgen aus dem Ofen nehmen und auf Teller verteilen. Mit Aceto balsamico oder Alexanders Balsamicosirup gleichmäßig beträufeln. Die Ricottanocken darauf anrichten und mit Basilikumblättern garnieren.

 **Tipp**

Anstelle der Zwetschgen kann man auch Birnen oder Schalotten auf diese Weise zubereiten. Sie schmecken ebenfalls zu den Ricottanocken.

Peperoni-Polenta-Törtchen
mit Rotweinsabayon

Zutaten für 6–10 Personen

1 grüne Paprikaschote
1–2 grüne Peperoni
3 Schalotten
1 Zweig Rosmarin
5 Stiele Petersilie
5–6 EL Olivenöl
1 l Gemüsebrühe
240 g Instantpolenta
6 EL frisch geriebener Parmesan
2 EL kalte Süßrahmbutter
Salz · Pfeffer aus der Mühle
1/2 l Rotwein
1 Lorbeerblatt
1/2 Zimtstange
1 TL Alexanders Brühpulver (siehe Seite 11)
2 Eier · 1 Eigelb

Die Paprika vierteln, entkernen, schälen und in kleine Würfel schneiden. Die Peperoni der Länge nach halbieren, entkernen und in kleine Würfel schneiden. 2 Schalotten schälen und in kleine Würfel schneiden. Den Rosmarin waschen und trocken schütteln, die Nadeln abzupfen und fein hacken. Die Petersilie waschen und trocken schütteln, die Blätter abzupfen und ebenfalls fein hacken.

▼

In einem Topf 2 EL Olivenöl erhitzen. Die Schalotten darin andünsten, die Brühe angießen und aufkochen lassen. Peperoni, Paprika und Rosmarin dazugeben und die Instantpolenta einrieseln lassen, dabei ständig rühren. Die Polenta etwa 1 Minute leicht köcheln lassen, bis sie anfängt zu quellen. Zugedeckt beiseitestellen und 10 Minuten quellen lassen.

Die Polenta erneut erwärmen, mit 4 EL geriebenem Parmesan, der gehackten Petersilie und 2 EL Olivenöl sowie der Süßrahmbutter, Salz und Pfeffer cremig rühren. Ein tiefes Backblech mit etwas Olivenöl einpinseln. Die Polenta daraufgeben, mit einer Palette oder Ähnlichem glatt streichen und die Oberfläche mit Olivenöl einpinseln. 1 Stunde bei Zimmertemperatur abkühlen lassen und dann 4 bis 5 Stunden in den Kühlschrank stellen.

▼

Den Backofen auf 180 °C (Umluft) vorheizen. Aus der Polenta mit einem runden Ausstecher (6–7 cm Durchmesser) mehrere kleine Törtchen ausstechen. Auf ein leicht geöltes Backblech setzen und mit dem restlichen geriebenen Parmesan bestreuen. Die Polenta im Ofen 5 bis 8 Minuten gratinieren.

▼

Für das Rotweinsabayon die übrige Schalotte schälen und in Streifen schneiden. Den Rotwein mit der Schalotte, dem Lorbeerblatt und der Zimtstange etwa um die Hälfte einköcheln lassen. In ein Sieb abgießen und mit etwas Salz und Pfeffer würzen. Das Brühpulver unterrühren und die Mischung abkühlen lassen.

▼

Die Eier und das Eigelb in einer Metallschüssel verquirlen und den abgekühlten Rotwein daraufgießen. Im heißen Wasserbad zu einem cremigen Sabayon aufschlagen. Die Polentatörtchen auf eine große Platte oder Teller verteilen und das warme Rotweinsabayon sofort daraufgeben. Achtung: Das Sabayon auf keinen Fall in der Schüssel stehen lassen, denn die Schüssel ist so heiß, dass das Ei im Schlagkessel gerinnen könnte. Falls nötig, das Sabayon bis zum Servieren in eine leicht erwärmte Schüssel umfüllen.

Penne mit Peperoni-Mango-Sauce
und Tomatenfilets

Zutaten für 2 Personen

3 Eiertomaten
3 EL Olivenöl
Meersalz · Pfeffer aus der Mühle
220 g Penne
2 grüne Peperoni
1 Schalotte
1 Knoblauchzehe
1/2 Mango
1 Schuss Weißwein
1 Schuss Gemüsebrühe
2 EL schwarze Oliven (ohne Stein)

Den Backofen auf 180 °C vorheizen. Die Tomaten kreuzweise einritzen, überbrühen, kalt abschrecken und häuten. Tomaten vierteln, dabei Stielansatz und Kerne entfernen. Das Fruchtfleisch auf ein Backblech legen, mit 2 EL Olivenöl beträufeln und mit Meersalz und grob gemahlenem Pfeffer würzen. Die Tomaten im Ofen 7 Minuten garen.

Die Penne nach Packungsanweisung in reichlich Salzwasser bissfest garen.

Die Peperoni vierteln, entkernen, waschen und in Streifen schneiden. Die Schalotte schälen und in kleine Würfel schneiden. Die Knoblauchzehe schälen und mit dem Messer andrücken. Die Mango schälen, das Fruchtfleisch zuerst in breiten Streifen vom Stein und dann in Würfel schneiden.

Die Schalottenwürfel im restlichen Olivenöl andünsten, die Peperoni und den Knoblauch dazugeben und kurz mitdünsten. Mit Salz und Pfeffer würzen und mit dem Weißwein ablöschen. Etwas Brühe hinzufügen und einkochen lassen. Die Mangowürfel dazugeben und mitkochen, bis sie leicht zerfallen.

Die Nudeln in ein Sieb abgießen, abtropfen lassen und mit der Peperoni-Mango-Sauce mischen. Die Oliven und die Tomatenfilets dazugeben und mit Meersalz und Pfeffer abschmecken. Die Penne auf vorgewärmten Teller oder in Schälchen anrichten und mit dem Schmorsaft beträufeln. Nach Belieben mit frisch geriebenem Parmesan bestreuen.

▸▸ Tipp

Die Peperoni-Mango-Sauce sollte die Nudeln nur wie eine Glasur überziehen, deshalb den Rest eventuell anderweitig verwenden.

Pappardelle mit Salsa verde
und Ziegenkäse

Zutaten für 2 Personen

1 grüne Paprikaschote
1/2 Bund Petersilie
4 Stiele Basilikum
2 Sardellenfilets (aus dem Glas)
9 EL Olivenöl
Meersalz · Pfeffer aus der Mühle
200 g Pappardelle · Salz
3 rote Zwiebeln
1 Zweig Rosmarin
1 Schuss Rotwein
100 ml Gemüsebrühe oder 1/2 TL Brühpulver
(in Wasser aufgelöst; Rezept siehe Seite 11)
1 Lorbeerblatt
120 g Ziegenfrischkäse

Die Paprikaschote mit dem Sparschäler schälen, halbieren, entkernen und waschen. Die Paprikahälften in grobe Stücke schneiden. Die Petersilie und das Basilikum waschen, trocken schütteln und die Blätter abzupfen. Die Sardellenfilets mit den Paprikastücken, 8 EL Olivenöl und etwas Meersalz im Mixer fein pürieren. Die Petersilien- und Basilikumblätter und eventuell noch etwas Olivenöl untermixen. Die Salsa verde mit Meersalz und Pfeffer abschmecken.

Die Pappardelle nach Packungsanweisung in reichlich Salzwasser bissfest garen.

Die Zwiebeln schälen und in Scheiben schneiden. Den Rosmarin waschen und trocken schütteln. Die Zwiebeln im restlichen Olivenöl andünsten und mit etwas Rotwein ablöschen. Die Brühe dazugießen und mit Salz und Pfeffer würzen. Das Lorbeerblatt und den Rosmarinzweig dazugeben. Die Zwiebelsauce zugedeckt bei mittlerer Hitze 6 bis 8 Minuten kochen lassen. Das Lorbeerblatt und den Rosmarinzweig entfernen und die Sauce mit Salz und Pfeffer abschmecken.

Die Pappardelle in ein Sieb abgießen, abtropfen lassen und mit der Zwiebelsauce mischen. Die Nudeln auf tiefe Teller verteilen und mit der Salsa verde beträufeln. Den Ziegenfrischkäse zerbröckeln und daraufgeben, mit grob gemahlenen Pfeffer bestreuen.

▸▸ Tipp

Wer Sardellenfilets nicht mag, kann die Salsa verde natürlich auch ohne zubereiten. Aber vielleicht probieren Sie es doch und lassen sich überraschen!

Lammfilets in Knoblauch-Buttermilch
mit grünen Bohnenkernen

Zutaten für 2 Personen

1 kleine weiße Zwiebel
3 Zweige Thymian
1 Knoblauchzehe
6 Lammfilets (à 60–80 g)
Salz · Pfeffer aus der Mühle
2 EL Öl · 50 ml Fleischbrühe
300 g Buttermilch
1 Lorbeerblatt
120 g grüne Bohnenkerne (tiefgekühlt)
½ Bund Brunnenkresse
1 EL Butter

Die Zwiebel schälen und in Scheiben schneiden. Den Thymian waschen und trocken schütteln. Den Knoblauch schälen und in feine Scheiben schneiden. Die Lammfilets waschen, trocken tupfen und mit Salz und Pfeffer würzen.

Das Öl in einer Pfanne erhitzen und die Lammfilets darin rundum kräftig anbraten. Die Filets herausnehmen, die Zwiebeln im verbliebenen Öl andünsten und mit der Brühe ablöschen. Buttermilch, Thymianzweige, Knoblauch und das Lorbeerblatt dazugeben, mit Salz und Pfeffer kräftig würzen und den Sud aufkochen lassen.

Die Bohnenkerne in kochendem Salzwasser 2 Minuten blanchieren, eiskalt abschrecken und abtropfen lassen. Die Außenhaut der Bohnen anritzen und die grünen Bohnenkerne herausdrücken. Die Brunnenkresse putzen, waschen, trocken schütteln und die Blätter abzupfen.

Die Lammfilets in den kochenden Buttermilchsud legen und die Pfanne vom Herd nehmen. Die Filets 6 bis 7 Minuten ziehen lassen, bis sie innen rosa sind.

Die grünen Bohnenkerne in ½ EL Butter erwärmen. Zwei Teller mit der Brunnenkresse auslegen, die Bohnenkerne und die Lammfilets darauf anrichten. Den Sud mit Salz und Pfeffer abschmecken und in ein Sieb abgießen. Die restliche kalte Butter dazugeben und mit dem Stabmixer aufschlagen. Den Schaum ohne Flüssigkeit über die Lammfilets und die Brunnenkresse geben.

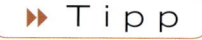

▸▸ Tipp

Dieses Rezept zeigt: Lamm muss nicht immer eine Knoblauch- oder Kräuterkruste haben. Der Buttermilchsud macht das Filet wunderbar zart und aromatisch.

Nudel-Schinken-Risotto
mit getrockneten Steinpilzen

Zutaten für 2 Personen

2 EL getrocknete Steinpilze
2 Schalotten · Olivenöl
180 g griechische oder türkische Reisnudeln
1 Schuss Weißwein
300 ml Gemüsebrühe oder 1 1/2 TL Brühpulver
(in Wasser aufgelöst; Rezept siehe Seite 11)
2 Tomaten · 1 TL gehackter Estragon
1 Schuss Sahne · 1/2 EL kalte Butter
1 EL frisch geriebener Pecorino
Salz · Pfeffer aus der Mühle
10 hauchdünne Scheiben Parmaschinken

Die getrockneten Steinpilze in etwa 150 ml warmem Wasser 15 Minuten einweichen. Die Schalotten schälen, in Würfel schneiden und in etwas Olivenöl andünsten. Die Reisnudeln dazugeben, mit dem Weißwein ablöschen, die Brühe hinzufügen und aufkochen lassen. Die Steinpilze ausdrücken und zu den Nudeln geben. Die Steinpilzflüssigkeit nach und nach hinzufügen und die Nudeln 5 bis 8 Minuten bei schwacher Hitze unter häufigem Rühren bissfest garen.

▼

Die Tomaten waschen und vierteln, dabei den Stielansatz und die Kerne entfernen. Die Tomaten in kleine Würfel schneiden.

▼

Die Tomaten, den Estragon und etwas Sahne zum Nudelrisotto geben und kräftig kochen lassen. Die kalte Butter und den Pecorino unterrühren und mit Salz und Pfeffer abschmecken. Mit der Hälfte des Parmaschinkens zwei Teller auslegen, die andere Hälfte in feine Streifen schneiden und unter den Risotto heben. Den Risotto auf dem Parmaschinken anrichten.

Rigatoni
mit Bohnenkernen und Speck

Zutaten für 2 Personen

100 g grüne Bohnenkerne (tiefgekühlt)
Salz · 220 g Rigatoni
10–12 Scheiben Frühstücksspeck
1 EL Öl · 1 EL Butter
50 ml Gemüsebrühe
Pfeffer aus der Mühle
1 EL frisch gehackte Petersilie
4 EL frisch geriebener Pecorino

Die Bohnenkerne in reichlich kochendem Salzwasser etwa 2 Minuten blanchieren. Mit dem Schaumlöffel herausnehmen und auf einem Sieb kalt abschrecken.

▼

Die Rigatoni in das Bohnenwasser geben und nach Packungsanweisung bissfest garen.

▼

Den Frühstücksspeck im Öl bei mittlerer Hitze langsam knusprig braten und auf Küchenpapier abtropfen lassen. Die Pfanne zur Seite stellen.

▼

Die Bohnenkerne im Speckfett kurz braten. Die Butter und etwas Brühe dazugeben und die Bohnen etwa 2 Minuten garen. Mit Salz und Pfeffer würzen.

▼

Die Rigatoni mit dem Schaumlöffel aus dem Kochwasser nehmen, abtropfen lassen und mit den Bohnenkernen mischen. Die Petersilie dazugeben und mit Salz und Pfeffer abschmecken. Die Nudeln auf tiefe Teller verteilen und den Speck darauflegen. Mit Pecorino bestreut servieren.

Makkaroni im Schinkenmantel

mit Rucolasalat

Zutaten für 2 Personen

150 g Makkaroni · Salz
1 TL Butter
2 Scheiben gekochter Schinken
3 Zweige Thymian
100 ml Milch
1 Eigelb · 2 Eier
1 EL Crème fraîche
Meersalz · Pfeffer aus der Mühle
1 EL frisch geriebener Parmesan
1 Bund Rucola
2 Spritzer Aceto balsamico
2 EL Olivenöl
1 TL Olivenpaste (aus dem Glas)

Die Makkaroni in reichlich Salzwasser sehr bissfest garen. In ein Sieb abgießen, kalt abschrecken und abtropfen lassen.

▼

Zwei ofenfeste Suppentassen oder hohe Förmchen mit Butter einfetten und mit je 1 Scheibe Schinken auslegen. Dafür schneidet man am besten 2 breite Schinkenstreifen ab, legt den Rand damit aus und gibt dann ein weiteres Stück für den Boden hinein. Die Makkaroni in so lange Stücke schneiden, dass sie senkrecht stehend die Tassen ausfüllen.Die Makkaroni in den Tassen verteilen, eventuell überstehende Stücke abschneiden.

▼

Den Backofen auf 200 °C vorheizen. Den Thymian waschen, trocken schütteln und die Blättchen abzupfen. Milch, Eigelb, Eier und Crème fraîche verquirlen.

Mit Meersalz und Pfeffer würzen und die Thymianblättchen untermischen. Die Masse auf die Tassen verteilen und mit Parmesan bestreuen. Die Makkaroni im Ofen etwa 18 Minuten überbacken.

Den Rucola verlesen, die harten Stiele abschneiden. Den Rucola waschen, trocken schleudern und mit dem Essig und 1 EL Olivenöl marinieren. Die Olivenpaste mit dem restlichen Olivenöl glatt rühren.

▼

Die Makkaroni aus dem Ofen nehmen und 1 bis 2 Minuten abkühlen lassen, dann mit einem kleinen Messer am inneren Tassenrand lockern und stürzen. Mit der gratinierten Seite nach oben auf Teller setzen. Den Rucolasalat um die Makkaroni herum verteilen und die Olivenpaste über den Salat träufeln.

▸▸ T i p p

Die Makkaroni im Schinkenmantel gehören zu den beeindruckendsten Pastagerichten und können leicht auch für mehr als zwei Personen zubereitet werden. Ihre Gäste werden staunen!

Spinat-Penne
mit Maronen und Speck

Zutaten für 2 Personen

10 Maronen (mit Schale)
2 Handvoll frischer Spinat
Salz
2 Schalotten
2 Knoblauchzehen
40 g Speck
1 EL Olivenöl
3 Zweige Thymian
100 g Sahne
Pfeffer aus der Mühle
180 g Penne
60 g Parmesan (am Stück)

Den Backofen auf 180 °C (Umluft) vorheizen. Die Maronen mit einem scharfen, spitzen Messer auf einer Seite kreuzweise etwa 2 cm einritzen, auf ein Backblech legen und 25 bis 35 Minuten im Ofen rösten. Wenn die Schale aufplatzt, die Maronen herausnehmen, kurz abkühlen lassen und noch warm schälen. Die Maronen in kleine Würfel oder Stücke schneiden bzw. hacken und nochmals 6 Minuten im Ofen rösten.

Den Spinat putzen und waschen, dabei dicke Stiele entfernen. Den Spinat in kochendem Salzwasser etwa 10 Sekunden blanchieren, in ein Sieb abgießen, sofort eiskalt abschrecken und gut ausdrücken. Den Spinat mit einem großen Messer fein hacken.

Die Schalotten schälen und in kleine Würfel schneiden. Den Knoblauch schälen und in dünne Scheiben schneiden. Den Speck in kleine Würfel schneiden. Schalotten, Knoblauch und Speck in einem Topf im Olivenöl anbraten.

Den Thymian waschen, trocken schütteln und die Blätter abzupfen. Mit der Sahne in den Topf zu den Schalotten geben. Die Sahne einmal aufkochen lassen, den Spinat hinzugeben und mit Salz und Pfeffer würzen.

Die Penne nach Packungsanweisung in reichlich Salzwasser bissfest garen. Abgießen, abtropfen lassen und zum Spinat geben. Alles gut verrühren und auf tiefe Teller oder eine große Platte verteilen. Den Parmesan reiben und mit den klein geschnittenen Maronen über die Penne streuen.

▸▸ Tipp

Als Alternative zu den Maronen in der Schale kann man auch bereits vorgekochte, geschälte Maronen kaufen. Diese muss man nur in Würfel schneiden und in etwas Butter kross braten.

Tagliatelle
mit gebratenem Chicorée

Zutaten für 2 Personen

2 eingelegte Chicorée (siehe Seite 200)
1 EL Mehl
1–2 EL Olivenöl
8 dünne Scheiben Speck
2 Schalotten
150 g Sahne
Salz · Pfeffer aus der Mühle
60 g frisch geriebener Parmesan
200 g Tagliatelle

Den Chicorée aus dem Fond nehmen, halbieren und trocken tupfen. Die Schnittflächen mit Mehl bestäuben und den Chicorée im Olivenöl auf den Schnittflächen knusprig braun braten.

▼

Den Backofen auf 180 °C (Umluft) vorheizen. Die Speckscheiben in etwas dickere Streifen schneiden und zum Chicorée geben, kurz mitbraten und im Ofen mit Grillfunktion 15 Minuten braten bzw. rösten.

▼

Die Schalotten schälen, in kleine Würfel schneiden und in etwas Olivenöl andünsten. Die Sahne dazugeben, einmal aufkochen und mit Salz und Pfeffer würzen. Den Parmesan hinzufügen. Den Topf vom Herd nehmen und den Parmesan langsam in der Sahne schmelzen lassen.

▼

Die Tagliatelle nach Packungsanweisung in reichlich Salzwasser bissfest garen. Abgießen, abtropfen lassen und in die Parmesansahne geben. Gut durchschwenken und auf tiefe Teller verteilen. Den Chicorée mit dem Speck dazugeben und nach Belieben mit etwas grob gemahlenem Pfeffer bestreuen.

Bandnudeln
mit Entenragout

Zutaten für 2 Personen

1 Entenkeule
2 Schalotten · 1–2 EL Olivenöl
Salz · Pfeffer aus der Mühle
1/2 EL Tomatenmark
1 Glas Rotwein
4 Zweige Thymian · 300 ml Gemüsebrühe
6 große Blätter Sauerampfer
160 g Bandnudeln
frisch geriebener Parmesan

Die Haut von der Entenkeule entfernen, in kleine Würfel schneiden und beiseitelegen. Das Fleisch vom Knochen lösen und in kleine Würfel schneiden. Die Schalotten schälen und in kleine Würfel schneiden. Entenfleisch und Schalotten in einem kleinen Topf im Olivenöl gut anbraten, mit Salz und Pfeffer würzen. Das Tomatenmark dazugeben und kurz mitrösten. Mit dem Rotwein ablöschen und kurz einköcheln lassen. Den Thymian waschen, trocken schütteln und mit der Brühe dazugeben. Zugedeckt bei sehr schwacher Hitze 45 bis 60 Minuten gar köcheln.

▼

Die Entenhaut in einem kleinen Pfännchen in etwas Olivenöl kross braten, auf Küchenpapier abtropfen lassen und leicht mit Salz würzen. Den Sauerampfer waschen, trocken tupfen und in feine Streifen schneiden. Die Bandnudeln nach Packungsanweisung in reichlich Salzwasser bissfest garen. Abgießen, abtropfen lassen und auf tiefe Teller verteilen. Das Entenragout mit Salz und Pfeffer abschmecken und über den Nudeln verteilen. Mit dem Sauerampfer und der knusprigen Entenhaut bestreuen. Mit etwas Parmesan, Pfeffer und nach Belieben Olivenöl abrunden.

Farfalle mit getrockneten Tomaten
und Parmesan-Milchschaum

Zutaten für 2 Personen

1 kleine Zwiebel
2 EL Olivenöl
12–15 getrocknete Tomaten
200 ml Gemüsebrühe
300 g Farfalle · Salz
1 EL kalte Süßrahmbutter
Pfeffer aus der Mühle
1/2 Bund Basilikum
1/4 l Milch
60 g frisch geriebener Parmesan
1 EL alter Aceto balsamico
oder Alexanders Balsamicosirup (siehe Seite 9)

Die Zwiebel schälen, halbieren und in feine Streifen schneiden. In einem kleinen Topf 1 EL Olivenöl erhitzen und die Zwiebel darin bei mittlerer Hitze andünsten. In der Zwischenzeit die getrockneten Tomaten mit einem scharfen Messer ebenfalls in feine Streifen schneiden. Zu den Zwiebeln geben, kurz mit andünsten und mit der Brühe ablöschen. Die Brühe aufkochen lassen und den Topf zugedeckt beiseitestellen.

▼

Die Farfalle nach Packungsanweisung in reichlich Salzwasser sehr bissfest garen. In ein Sieb abgießen und kurz abtropfen lassen. Die getrockneten Tomaten im Sud erneut erhitzen, die Farfalle dazugeben, unterrühren und noch etwas köcheln lassen.

Die kalte Süßrahmbutter und 1 EL Olivenöl untermischen. Wichtig ist, dass die Butter dabei mit der Tomaten-Zwiebel-Brühe emulgiert und diese leicht sämig wird. Mit Salz und Pfeffer abschmecken.

▼

Das Basilikum waschen, trocken schütteln und die Blätter abzupfen. In feine Streifen schneiden und zum Schluss unter die Farfalle heben.

▼

Die Milch aufkochen, mit 1 Prise Salz würzen und vom Herd nehmen. Den Parmesan unterrühren und mit dem Stabmixer schaumig aufmixen. Die Nudeln auf tiefe Teller verteilen und mit dem Balsamicosirup dekorativ beträufeln. Den Milchschaum vorsichtig abschöpfen, auf die Nudeln geben und sofort servieren.

 **▸▸ T i p p**

Die restliche Parmesanmilch kann man mit etwas Toastbrot, Mandeln und Olivenöl mit dem Stabmixer zu einem Dip oder Brotaufstrich pürieren.

Pappardelle
mit Feldsalat-Walnuss-Pesto

Zutaten für 2 Personen

150 g Feldsalat
8–10 Walnusskerne
100 ml Sonnenblumenöl
5 Stiele Petersilie
300 g Pappardelle · Salz
Meersalz
½ TL Kürbiskernöl
80 g cremiger Ziegenfrischkäse
Pfeffer aus der Mühle

Den Feldsalat verlesen und in reichlich kaltem Wasser gründlich waschen. In einem Sieb gut abtropfen lassen oder trocken schütteln. Die Walnüsse hacken und mit dem Sonnenblumenöl in einem Topf anbraten. In eine kleine Schüssel füllen und auf Zimmertemperatur abkühlen lassen. Die Petersilie waschen, trocken schütteln und die Blätter abzupfen.

▼

Die Pappardelle nach Packungsanweisung in reichlich Salzwasser bissfest garen. In der Zwischenzeit den Feldsalat mit der Petersilie, den Walnüssen und dem Sonnenblumenöl in den Mixer geben, mit Meersalz würzen und fein pürieren. Es sollte eine sämige, pestoähnliche Masse entstehen. Zuletzt das Kürbiskernöl unterrühren.

▼

Die Pappardelle auf eine Platte oder tiefe Teller verteilen und großzügig mit dem Pesto beträufeln. Den Ziegenfrischkäse mit dem Meersalz und etwas Pfeffer glatt rühren und auf die Pappardelle geben. Mit etwas Meersalz und Pfeffer bestreuen und servieren.

Nudel-Spargel-Risotto
mit Steinpilzen, Salami und Pecorino

Zutaten für 3–4 Personen

400 g Nudeln in Reisform (z. B. Risoni)
Salz · 250 g grüner Spargel
3 Schalotten · 200 g Steinpilze
1 Zweig Rosmarin
1 Knoblauchzehe
100 g Salami
2 EL Olivenöl
150 ml Weißwein
200–250 ml Gemüsebrühe
Pfeffer aus der Mühle
1 ½ EL kalte Butter · 60 g Pecorino

Die Nudeln nach Packungsanweisung in reichlich Salzwasser sehr bissfest garen. Den Spargel nur im unteren Drittel schälen, die Enden abschneiden. Spargel waschen und in Scheiben schneiden. Die Schalotten schälen und in Würfel schneiden. Die Steinpilze putzen, trocken abreiben und in Scheiben schneiden. Rosmarin waschen und trocken schütteln. Den Knoblauch andrücken. Die Salami in Streifen schneiden.

▼

Die Schalotten in 1 EL Olivenöl andünsten und mit dem Weißwein ablöschen. Die Brühe, den Knoblauch, die Spargelscheiben und den Rosmarin hinzufügen und aufkochen. Die Nudeln dazugeben und fertig garen, eventuell noch etwas Brühe dazugeben.

▼

Die Steinpilze in 1 EL Olivenöl in einer Pfanne braun braten, mit Salz und Pfeffer würzen. Die Butter zum Risotto geben und alles cremig rühren. Mit Salz und Pfeffer abschmecken. Die Salamistreifen dazugeben und den Pecorino darüberreiben. Die Steinpilze auf dem Risotto verteilen.

Kalbsfilet aus dem Trüffelsud

mit gerösteter Polenta

Zutaten für 2 Personen

2 Schalotten · 1 Karotte
$1/8$ Sellerieknolle
1 TL Butterschmalz
1 Schuss weißer Portwein
400 ml Gemüsebrühe
1 schwarzer Trüffel mit Einlegesud (im Döschen)
1 Zweig Thymian
1 Lorbeerblatt
70 g Polenta
1 EL Butter · 1 Schuss Olivenöl
2 EL frisch geriebener Parmesan · Salz
6 Kalbsfiletmedaillons (à 40 g)
Pfeffer aus der Mühle

Die Schalotten, die Karotte und den Sellerie schälen und alles in sehr kleine Würfel schneiden. Die Gemüsewürfel in einem Topf im Butterschmalz andünsten. Mit dem Portwein ablöschen, 100 ml Brühe dazugeben und aufkochen. Den Deckel auflegen, den Topf vom Herd nehmen und das Gemüse gar ziehen lassen.

▼

Den Trüffel abtropfen lassen und 6 hauchdünne Scheiben herunterschneiden. Den Rest des Trüffels in kleine Würfel hacken und zusammen mit dem Sud zum Gemüse geben.

▼

Den Thymian waschen und trocken tupfen. Für die Polenta die restliche Brühe mit dem Lorbeerblatt und dem Thymian aufkochen. Die Polenta einrieseln lassen und unterrühren, erneut aufkochen lassen und bei schwacher Hitze etwa 15 Minuten quellen lassen. Dabei öfter umrühren, bis die Polenta die Konsistenz eines dicken Kartoffelpürees hat. Falls nötig, etwas Brühe hinzufügen oder etwas mehr Polenta hineinstreuen, bis die gewünschte Konsistenz erreicht ist. Die Butter und das Olivenöl unter die Polenta rühren, mit 1 EL Parmesan und Salz abschmecken.

Zwei Tassen mit etwas Olivenöl einfetten, die Polenta hineinfüllen und bei Zimmertemperatur etwa 30 Minuten abkühlen lassen. Den Backofen auf 180 °C vorheizen. Die Polenta auf ein Blech stürzen, mit dem restlichen Parmesan bestreuen und im Ofen mit Grillfunktion gratinieren.

In die Kalbsfiletmedaillons eine Tasche schneiden und jeweils mit 1 Trüffelscheibe füllen. Den Gemüse-Trüffel-Sud mit Salz und wenig Pfeffer abschmecken und aufkochen. Die Kalbsfiletscheiben hineinlegen, den Topf sofort vom Herd nehmen und die Filets zugedeckt 2 bis 4 Minuten rosa ziehen lassen. Zum Anrichten die geröstete Polenta in die Mitte eines tiefen Tellers geben und die Kalbsfiletscheiben darum herum legen. Mit dem Sud und dem Gemüse beträufeln.

▶▶ T i p p

Statt des exklusiven und nicht gerade billigen Trüffels können Sie die Medaillons auch mit klein gehackten schwarzen Oliven füllen.

Kalbszungenlasagne
mit Auberginen

Zutaten für 2 Personen

2 Auberginen
1 EL Kapern (aus dem Glas)
1 Knoblauchzehe · 2 Stiele Basilikum
3 EL Aceto balsamico · 2 EL Olivenöl
1 EL Honig
Salz · Pfeffer aus der Mühle
1 TL brauner Zucker · 4 Strauchtomaten
1 gekochte Kalbszunge (in 4 mm dünnen Scheiben)
1 Kugel Büffelmozzarella (125 g)
2 EL Semmelbrösel · 1 EL frisch geriebener Parmesan

Den Backofen auf 180 °C (Umluft) vorheizen. Die Auberginen putzen, waschen und längs halbieren. Die Kerne entfernen und das Fruchtfleisch in grobe Würfel schneiden. Die Kapern grob hacken. Den Knoblauch schälen und in feine Scheiben schneiden. Das Basilikum waschen und trocken schütteln, mit Kapern, Knoblauch, Essig, Olivenöl, Honig und Auberginen mischen. Mit Salz und Pfeffer würzen, in eine Auflaufform geben und zugedeckt im Ofen 1 Stunde garen.

▼

Herausnehmen und abkühlen lassen. Das Basilikum entfernen und die Auberginen mit dem Stabmixer pürieren, mit Zucker abschmecken. Tomaten waschen und in dünne Scheiben schneiden. Die Hälfte der Kalbszunge in eine gefettete Auflaufform legen, die Hälfte des Auberginenpürees daraufstreichen, die Hälfte der Tomaten darauflegen, mit Salz und Pfeffer würzen. Den Vorgang wiederholen. Mozzarella klein schneiden und darauf verteilen. Semmelbrösel und Parmesan mischen und darüberstreuen. Die Lasagne mit Olivenöl beträufeln und bei 200 °C unter dem Backofengrill gratinieren.

Schweinerücken
im Bierdunst

Zutaten für 2 Personen

3 Stiele Dill
1 Prise ganzer Kümmel
1 Schuss Bier
200 g Schweinerücken
Salz · 1/2 Salatgurke
4 EL Schmand
1 TL rosa Pfefferbeeren

Zwei Bogen Alufolie auf DIN-A4-Größe zurechtschneiden und bei einem Bogen die Ränder nach oben falten. Den Dill waschen, trocken schütteln und mit dem Kümmel und dem Bier in die Folie geben. In den zweiten Bogen Alufolie mit einem Messer kleine Löcher stechen und die erste Folie damit abdecken. Die Ränder der Folien so verschließen, dass das Bier nicht auslaufen kann.

▼

Den Schweinerücken in 1/2 cm dicke Scheiben schneiden und leicht überlappend auf die gelöcherte Alufolie legen, mit Salz würzen. Die Gurke waschen und in dünne Scheiben schneiden. Das Fleisch vollständig damit belegen. Die Alufolie mitsamt dem Fleisch und den Gurkenscheiben auf einen Grill legen und etwa 10 Minuten grillen. Oder bei mittlerer Hitze in einer beschichteten Pfanne etwa 8 Minuten dämpfen. Durch die Hitze dringt das Aroma von Bier, Kümmel und Dill in das Schweinefleisch.

▼

Kurz vor dem Servieren den Schmand mit Salz und etwas rosa Pfeffer anrühren und großzügig über das Schweinefilet und die Gurken träufeln.

Süßsaure Pilze in der Ofentomate

mit Speckschnitzel

Zutaten für 6 Personen

6 Strauchtomaten
2 Schalotten
70 g Butterschmalz
je 80 g Champignons, Austernpilze und Egerlinge
1/2 TL brauner Zucker
1 Schuss Aceto balsamico
1 EL Mehl
2 EL Semmelbrösel
1 Ei
5 Scheiben gekochter Räucherspeck (2 mm dick)

Die Strauchtomaten mit Grün kurz in kochendem Wasser blanchieren, kalt abschrecken und häuten. Jeweils einen Deckel mit Grün abschneiden. Die Tomaten entkernen und beiseitestellen.

▼

Den Backofen auf 160 °C (Umluft) vorheizen. Die Schalotten schälen und in kleine Würfel schneiden. Das Butterschmalz in einer Pfanne erhitzen und die Schalotten darin andünsten. Die Pilze putzen, trocken abreiben und in Stücke schneiden. Pilze zu den Schalotten geben und kurz mitbraten. Den braunen Zucker hinzufügen, karamellisieren und mit Essig ablöschen. Die Pilzmasse in die Tomaten füllen und die Deckel daraufsetzen. Die gefüllten Tomaten im Ofen etwa 10 Minuten fertig garen.

Das Mehl und die Semmelbrösel jeweils auf einen Teller geben. Das Ei in einem tiefen Teller aufschlagen. Die Speckscheiben zuerst rundum im Mehl wenden, dann durch das verquirlte Ei ziehen und zum Schluss in den Semmelbröseln wenden.

▼

Das restliche Butterschmalz in einer Pfanne erhitzen und die Speckscheiben darin auf beiden kross braten. Die Speckschnitzel zu den Ofentomaten servieren.

▶▶ Tipp

Das Zusammenspiel der unterschiedlichen Aromen – die knusprigen Speckschnitzel, die fruchtigen Tomaten und die herzhaft süßlichen Pilzen – ist ein Hochgenuss. Und dekorativ angerichtet, spricht das Gericht alle Sinne an.

Chicken Wings »Barbecue Style«
mit Schmorhähnchen-Gewürzpaste

Zutaten für 6 Personen

30 Hähnchenflügel
Salz
Mehl zum Bestäuben
100 g Butterschmalz
2 EL gesalzene Rauchmandeln
1 EL Paprikapulver
1 TL Cayennepfeffer
1 TL rosa Pfefferbeeren
1 EL getrocknete Petersilie
1 TL getrockneter Thymian
150 g weiche Butter

Die Hähnchenflügel waschen und trocken tupfen. Mit einem scharfen Messer oder einer Geflügelschere am Gelenk teilen. Mit etwas Salz würzen und mit etwas Mehl bestäuben.

▼

Den Backofen auf 180 °C (Umluft) vorheizen. Das Butterschmalz in einer beschichteten Pfanne erhitzen und die Hähnchenflügel darin portionsweise auf beiden Seiten 1 bis 2 Minuten knusprig backen. Herausnehmen und auf Küchenpapier abtropfen lassen.

Die gesalzenen Rauchmandeln in den Blitzhacker geben und möglichst fein mahlen. Mit dem Paprikapulver, dem Cayennepfeffer, den Pfefferbeeren sowie Petersilie und Thymian, 1 TL Salz und der weichen Butter gründlich mischen.

▼

Die Hähnchenflügel gleichmäßig mit 2 bis 4 EL der Schmorhähnchen-Gewürzpaste bestreichen und im Ofen 6 bis 8 Minuten fertig garen. Dazu passen selbst gemachte Kartoffelchips.

▸▸ Tipp

Die Gewürzpaste für Schmorhähnchen können Sie auch für Steaks und für jegliches im Ofen geschmortes Fleisch nehmen. Die Paste hält sich in einem gut verschließbaren Glas 2 bis 3 Wochen im Kühlschrank.

Rehmedaillons in Nussöl
mit Feigen-Schalotten-Chutney

Zutaten für 6 Personen

6 Rehrückenmedaillons (à 60 g; küchenfertig)
Salz
1/2 EL Butterschmalz
1/2 TL Szechuanpfeffer
1 EL Walnussöl
2 Schalotten
1 TL Butter
1 Schuss Rotwein
60–80 ml Gemüsebrühe
3 Zweige Thymian
6 Feigen

Den Backofen auf 120 °C (Umluft) vorheizen. Die Rehrückenmedaillons auf beiden Seiten mit Salz würzen. Das Butterschmalz in einer beschichteten Pfanne erhitzen und die Medaillons darin auf beiden Seiten leicht braun anbraten. Die Medaillons mit Szechuanpfeffer bestreuen und in eine ofenfeste Form legen. Das Walnussöl über das Fleisch träufeln und die Form mit Alufolie verschließen. Die Rehmedaillons im Ofen 8 bis 12 Minuten rosa garen.

In der Zwischenzeit die Schalotten schälen und in kleine Würfel schneiden. Etwas Brühe in einem kleinen Topf erhitzen und die Schalottenwürfel darin andünsten. Mit Rotwein ablöschen und so viel Brühe dazugie-

ßen, dass die Schalotten gerade bedeckt sind. Die Thymianzweige waschen, trocken schütteln und zu den Schalotten geben. So lange kochen lassen, bis die Flüssigkeit fast eingekocht ist.

Die Feigen schälen und in kleine Würfel schneiden. Das Fruchtfleisch zu den Schalotten geben, untermischen und mit etwas Salz würzen. Die Feigen und Schalotten bei mittlerer Hitze zu einem Chutney einköcheln lassen. Den Thymian entfernen und das Chutney auf kleine Teller verteilen. Die Medaillons halbieren und auf dem Chutney anrichten.

Tipp

Frische Feigen passen einfach herrlich zu Wildgerichten. Wer keine Feigen mag, kann stattdessen auch Birnen oder Ananas verwenden.

Rehfleischpflanzerl

mit Ananas-Chutney

Zutaten für 2 Personen

1 Baby-Ananas · 2 Zweige Thymian
1 Schalotte · 1 EL Butterschmalz
Currypulver · 1 Schuss Weißwein
180 g Rehfleisch · 2 Eigelb
Salz · Pfeffer aus der Mühle
1 Stängel Zitronengras
3 EL Semmelbrösel
2 EL Butterschmalz

Für das Ananas-Chutney die Ananas schälen, halbieren und den harten Strunk in der Mitte herausschneiden. Das Fruchtfleisch in Würfel schneiden. Den Thymian waschen und trocken schütteln. Die Schalotte schälen und halbieren. Eine Hälfte in kleine Würfel, die andere in feine Scheiben schneiden. Die Schalottenwürfel im Butterschmalz andünsten. Die Ananaswürfel, 1 Prise Currypulver, Thymian und Weißwein dazugeben und zugedeckt bei mittlerer Hitze 8 bis 10 Minuten garen, bis die Masse eine typische Chutney-Konsistenz hat. Die Thymianzweige entfernen.

▼

Das Rehfleisch waschen und trocken tupfen. In feine Streifen schneiden und im Mixer zu grobem Brät pürieren. Die Schalottenscheiben und die Eigelbe dazugeben und kurz mixen. Das Brät mit Salz und Pfeffer kräftig würzen. Den Backofen auf 140 °C vorheizen.

Das Zitronengras waschen und trocken tupfen, den Stängel längs halbieren. Um die Stängelhälften aus dem Brät 2 längliche Fleischpflanzerl formen und diese in den Semmelbröseln wälzen. Das Butterschmalz in einer Pfanne erhitzen und die Rehfleischpflanzerl darin rundum leicht braun anbraten. Die Fleischpflanzerl auf ein mit Backpapier ausgelegtes Blech legen und im Ofen etwa 2 Minuten fertig garen.

▼

Das Chutney auf Tellern anrichten, die Rehfleischpflanzerl darauflegen und nach Belieben mit Ananasblättern dekorieren.

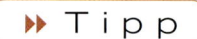

▸▸ T i p p

Dass Rehfleisch gut mit Früchten harmoniert, weiß man von Klassikern wie Reh mit Preiselbeeren. Es passt aber auch zu Früchten mit mehr Säure, wie eben Ananas. Natürlich können Sie die Rehfleischpflanzerl auch in der Pfanne braten, aber im Ofen entfaltet sich das Aroma des Zitronengrases besser.

Immer ein guter Fang

Fisch & Meeresfrüchte

Wolfsbarsch
in der Salzkruste

Zutaten für 2 Personen

1 großer Wolfsbarsch (Loup de mer; 1–1 1/2 kg;
ausgenommen, aber mit Schuppen)
1 kleine Fenchelknolle
1/2 Bund Estragon
1 Zitrone
Pfeffer aus der Mühle
2 kg grobes Meersalz
3 Eiweiß

Den Wolfsbarsch gründlich waschen und trocken tupfen. Die Kiemen entfernen, den Fisch aber nicht schuppen. Die Fenchelknolle putzen und halbieren, den
Strunk herausschneiden und den Fenchel in feine
Scheiben oder Streifen schneiden. Den Estragon waschen und trocken schütteln, die Blätter abzupfen und
klein schneiden. Die Zitrone mit einem Messer so
schälen, dass die weiße Haut mit entfernt wird. Die
Fruchtfilets herauslösen und zerkleinern.

Den Backofen auf 220 °C vorheizen. Fenchel, Zitronenfilets, Estragon und grob gemahlenen Pfeffer
mischen und den Wolfsbarsch damit füllen. Das
Meersalz mit den Eiweißen verrühren, sodass eine
formbare Masse entsteht. Falls nötig, 1 kleinen Schuss
Wasser dazugeben – die Masse sollte jedoch nicht zu
weich sein.

Etwa die Hälfte der Salzmischung auf einem Backblech verteilen und den Fisch darauflegen. Mit der
restlichen Masse den Fisch bedecken. Das Salz gut
auf dem ganzen Fisch andrücken und den Fisch im
Ofen etwa 35 Minuten garen.

Den Fisch aus dem Ofen nehmen, die Salzkruste aufklopfen und die Haut vom Fisch vorsichtig abziehen.
Das Salz sollte mit dem Fischfleisch nicht in Berüh-
rung kommen. Das Fischfleisch von der Mittelgräte
lösen und auf vorgewärmten Tellern anrichten. Dazu
passen in Olivenöl geschmorte Cocktailtomaten (siehe
Seite 154, Ossobuco) und Ciabatta-Brot.

▸▸ Tipp

*Statt Wolfsbarsch können Sie auch
Zander in der Salzkruste zubereiten.
Am besten bitten Sie den Fischhänd-
ler, bereits die Kiemen zu entfernen.
Das Garen im Salzmantel bietet meh-
rere Vorteile: Der Fisch gelingt garan-
tiert und wird wunderbar saftig und
aromatisch. Außerdem können Sie bei
Ihren Gästen Eindruck schinden, wenn
Sie die Kruste erst am Tisch aufklopfen.*

Heilbutt in der Folie
mit Paprika und Fenchel

Zutaten für 2 Personen

2 EL Olivenöl
2 Heilbuttfilets (à 120 g)
Salz · Pfeffer aus der Mühle
1 unbehandelte Zitrone
1/2 rote Paprikaschote
1/2 Fenchelknolle

Den Backofen auf 180 °C (Umluft) vorheizen. Zwei DIN-A4-große Bogen Alufolie mit etwas Olivenöl bestreichen. Die Heilbuttfilets waschen, trocken tupfen und eventuell vorhandene Gräten entfernen. Die Filets jeweils in die Mitte der Folie geben, mit Salz und Pfeffer würzen. Die Zitrone heiß waschen und abtrocknen, in sehr dünne Scheiben schneiden und fächerartig auf die Heilbuttfilets legen.

Die Paprikaschote längs halbieren, entkernen und waschen. Die Fenchelknolle putzen und waschen und beides in feine Streifen schneiden. Mit etwas Salz würzen und auf dem Fisch verteilen. Mit dem restlichen Olivenöl beträufeln und die Alufolie über den Fischfilets fest zusammenfalten.

Die Fischpäckchen auf ein Backblech legen und im Ofen etwa 12 Minuten garen. Die Päckchen aus dem Ofen nehmen, auf Teller legen und erst bei Tisch öffnen, sodass der aromatische Duft von Heilbutt und Gemüse den Raum erfüllt. Dazu passt Ciabatta-Brot.

Krosses Makrelenfilet
mit Kräuterspinat

Zutaten für 2 Personen

1/8 Sellerieknolle · Olivenöl
200 ml Gemüsebrühe
abgeriebene Schale von 1 unbehandelten Limette
Salz · Pfeffer aus der Mühle
2 Makrelenfilets (à 180 g) · 1 EL Mehl
1 Schalotte
3 Stiele Petersilie · 4 Stiele Basilikum
4 Zweige Rosmarin · 1 Handvoll junger Spinat

Den Sellerie schälen, in kleine Würfel schneiden und in etwas Olivenöl kurz dünsten. Mit der Brühe ablöschen und etwa 2 Minuten köcheln lassen. Mit Limettenschale, Salz, etwas Pfeffer und 1 Schuss Olivenöl abschmecken. Die Sellerie-Vinaigrette beiseitestellen und etwas abkühlen lassen.

Die Makrelenfilets waschen, trocken tupfen und eventuell vorhandene Gräten entfernen. Die Filets auf der Hautseite mit einem scharfen Messer leicht einritzen. Die Hautseite mit Mehl bestäuben und in einer beschichteten Pfanne in etwas Olivenöl bei schwacher Hitze kross braten. Den Fisch herausnehmen, mit der kross gebratenen Hautseite nach oben auf einen Teller legen und im Backofen bei 50 °C warm halten.

Die Pfanne mit Küchenpapier ausreiben. Die Schalotte schälen, in kleine Würfel schneiden und in etwas Olivenöl andünsten. Die Kräuter waschen und trocken schütteln, die Blätter bzw. Nadeln abzupfen und hacken. Den Spinat waschen, trocken schleudern und mit den Kräutern in die Pfanne geben. Durchschwenken, mit Salz würzen und anrichten. Die Makrelenfilets daraufsetzen und mit der Vinaigrette beträufeln.

Glasig gegarter Saibling
mit Zitronensauce

Zutaten für 2 Personen

4 kleine Saiblingsfilets (à 120 g; ohne Haut)
Salz · Pfeffer aus der Mühle
2 EL weiche Butter
Saft von 1 Zitrone
3 EL Traubenkern- oder Sonnenblumenöl
1 Stück frischer Meerrettich

Die Saiblingsfilets waschen, trocken tupfen und even-tuell vorhandene Gräten entfernen. Filets mit Salz und Pfeffer würzen. Den Backofen auf 100 °C vorheizen.

Eine Auflaufform mit Butter einfetten, die Fischfilets nebeneinander hineinlegen und mit der restlichen Butter bestreichen. Die Form mit Frischhaltefolie so verschließen, dass die Folie gut gespannt ist. Die Fisch-filets im Ofen 35 Minuten glasig garen.

Den Zitronensaft mit etwas Salz und Pfeffer sowie dem Öl in ein Schraubglas geben. Mit dem Deckel ver-schließen und die Mischung kräftig schütteln.

Die Fischfilets auf vorgewärmten Tellern anrichten und mit der Zitronensauce beträufeln. Etwas geschäl-ten Meerrettich darüberraspeln und servieren. Dazu passt der Bratkartoffelsalat von Seite 196.

▸▸ Tipp

Neben Saibling eignen sich auch Lachs, Forelle und Zander für diese Garmetho-de bei niedriger Temperatur. Wichtig ist, dass das Fischfilet absolut frisch ist.

Lachs
mit Avocado und Pfefferkartoffeln

Zutaten für 2 Personen

2 Lachsfilets (à 150 g; ohne Haut)
Meersalz · Mehl · Olivenöl
2 mittelgroße Kartoffeln · 200 ml Öl
Pfeffer aus der Mühle
1 reife Avocado · 1 Knoblauchzehe
1 EL Zitronensaft · 1 Tomate

Die Lachsfilets waschen, trocken tupfen und eventuell vorhandene Gräten entfernen. Filets auf beiden Seiten mit Meersalz würzen, mit etwas Mehl bestäuben und in etwas Olivenöl auf beiden Seiten scharf anbraten. Herausnehmen und 2 bis 3 Minuten ziehen lassen, sodass der Lachs in der Mitte noch glasig ist.

Die Kartoffeln schälen und mit dem Sparschäler dün-ne, lange Späne abziehen. Kalt abspülen und gut tro-cken tupfen. Das Öl in einer großen Pfanne erhitzen und die Späne darin portionsweise kross braten. Auf Küchenpapier abtropfen lassen, leicht mit Salz und kräftig mit grob gemahlenem Pfeffer würzen.

Die Avocado schälen, entsteinen und das Fruchtfleisch mit einer Gabel zerdrücken. Den Knoblauch schälen, klein schneiden und mit Zitronensaft, etwas Olivenöl, Salz und Pfeffer unter die Avocado rühren. Die Tomate waschen, vierteln, Stielansatz und Kerne entfernen. Das Fruchtfleisch in Würfel schneiden und unter die Avocado rühren. Die Avocadomasse auf Teller vertei-len und die Lachsfilets daraufsetzen, falls nötig, noch mit etwas Meersalz nachwürzen. Mit den Pfefferkar-toffeln garniert servieren.

Gebackener Kabeljau
in Wodkateig mit Limettencreme

Zutaten für 2 Personen

250 g Kabeljaufilet
1/2 TL Chiliflocken
2 EL Speisestärke · 2 EL Mehl · Salz
1 Schuss kalter Wodka
Butterschmalz zum Backen
4 EL Crème fraîche
Saft und abgeriebene Schale von
1 unbehandelten Limette
1/4 Bund Schnittlauch

Das Kabeljaufilet waschen, trocken tupfen und eventuell vorhandene Gräten entfernen. Das Filet in daumengroße Stücke schneiden. Für den Teig die Chiliflocken, die Stärke, das Mehl, 1 Prise Salz, 5 EL kaltes Wasser und den Wodka sämig verrühren. Ist der Teig zu flüssig, noch etwas Stärke und Mehl im Verhältnis 1:1 unterrühren. Ist der Teig zu zäh, noch etwas kaltes Wasser oder Wodka unterrühren.

▼

Das Butterschmalz in einer großen Pfanne erhitzen. Die Kabeljaustücke durch den Teig ziehen und im heißen Butterschmalz hell und knusprig ausbacken.

▼

Den Kabeljau auf Küchenpapier kurz abtropfen lassen. Die Crème fraîche mit Limettensaft und -schale sowie 1 Prise Salz verrühren. Den Schnittlauch waschen, trocken schütteln und in etwa 2 cm lange Röllchen schneiden. Den Kabeljau zum Servieren auf eine Platte geben, mit der Crème fraîche beträufeln und mit Schnittlauchröllchen bestreuen.

Gebratener Kabeljau
mit Croûtonkruste und Spitzkohl

Zutaten für 2 Personen

1/2 Zwiebel · 1/4 Kopf Spitzkohl
3 EL Butterschmalz
150 ml Weißwein · 200 ml Gemüsebrühe
1 TL Senf · 1 Prise ganzer Kümmel · Salz
4 Scheiben Toastbrot · 1 Ei
2 Kabeljaufilets (à 130 g) · Pfeffer aus der Mühle
1 EL Mehl · 4 Radieschen

Die Zwiebel schälen und in feine Streifen schneiden. Vom Spitzkohl den Strunk entfernen und den Spitzkohl in sehr feine Streifen schneiden. Waschen und abtropfen lassen. Zwiebel und Kohl in einem flachen Topf oder Bräter in 1 EL Butterschmalz glasig dünsten. Mit dem Weißwein ablöschen, die Brühe, Senf, Kümmel und etwas Salz hinzufügen. Den Spitzkohl zugedeckt bei mittlerer Hitze 6 Minuten bissfest garen.

▼

Das Toastbrot entrinden und in Würfel schneiden. Das Ei verquirlen. Die Kabeljaufilets waschen, trocken tupfen und eventuell vorhandene Gräten entfernen. Die Filets von beiden Seiten mit Salz und Pfeffer würzen, auf einer Seite mit Mehl bestäuben und in das Ei legen. Die Eiseite auf die Toastbrotwürfel drücken, sodass eine Panade entsteht.

▼

Die Filets in einer beschichteten Pfanne im restlichen Butterschmalz auf der panierten Seite bei mittlerer Hitze 3 bis 4 Minuten braten, bis sie hellbraun und kross sind. Herausnehmen, das Butterschmalz abgießen und die Filets von der anderen Seite 1 bis 2 Minuten sanft braten. Den Spitzkohl mit Sud auf tiefe Teller verteilen, die Kabeljaufilets mit der Kruste nach oben darauflegen und die Radieschen darüberhobeln.

Forellenfilet
mit geschmortem Salat

Zutaten für 2 Personen

1–2 EL Butter · 2 Stiele Dill
2 Forellenfilets (à 120 g; mit Haut)
Salz · Pfeffer aus der Mühle
Saft von 1/2 Zitrone
1 Schuss Weißwein · 2 EL Schmand
4 kleine Salatherzen · 1 Schalotte
100 ml Gemüsebrühe
4 Scheiben Speck · Mehl · 1 Ei
3 EL Semmelbrösel · 1 EL Butterschmalz

Den Backofen auf 95 °C vorheizen. Eine Auflaufform mit 1/2 EL Butter einfetten. Den Dill waschen, trocken schütteln und in die Form geben. Die Forellenfilets waschen, trocken tupfen und eventuell vorhandene Gräten entfernen. Die Filets mit Salz und Pfeffer würzen. Mit der Hautseite nach oben auf den Dill legen, mit Zitronensaft beträufeln und den Weißwein dazugießen. Im Ofen 12 bis 15 Minuten pochieren. Herausnehmen und die Haut abziehen.

▼

Den Pochierfond mit dem Schmand verrühren, salzen und pfeffern. Die Salatherzen waschen und längs halbieren. Die Schalotte schälen und in Streifen schneiden. Mit den Salatherzen in 1 TL Butter anbraten. Die Brühe dazugießen, mit etwas Salz würzen und zugedeckt bei mittlerer Hitze 5 Minuten schmoren.

▼

Die Speckscheiben wie Schnitzel mit Mehl, verquirltem Ei und Semmelbröseln panieren. In einer Pfanne portionsweise im Butterschmalz auf beiden Seiten kross braten. Die Salatherzen und das Forellenfilet auf Teller verteilen und mit der Schmandsauce beträufeln. Die Speckschnitzel darauf anrichten.

Gebratener Lachs
mit Spaghettisalat und Meerrettich

Zutaten für 2 Personen

2 Lachsfilets (à ca. 150 g; ohne Haut und Gräten)
Salz · Pfeffer aus der Mühle
1 EL Mehl
Olivenöl
160 g Spaghetti
2 EL saure Sahne
1 Prise Safranfäden
1 Stück frischer Meerrettich
Schnittlauchhalme zum Garnieren

Den Lachs waschen, trocken tupfen und eventuell vorhandene Gräten entfernen. Die Filets mit Salz und wenig Pfeffer würzen. Auf einer Seite dünn mit Mehl bestäuben und in einer beschichteten Pfanne in wenig Olivenöl bei schwacher bis mittlerer Hitze auf der mit Mehl bestäubten Seite etwa 8 Minuten kross braten. Die Hitze darf nicht zu stark sein; nur so entsteht eine krosse Bratschicht, und gleichzeitig gart der Fisch ganz langsam glasig.

▼

Die Spaghetti nach Packungsanweisung in reichlich Salzwasser bissfest garen. In ein Sieb abgießen und in eine Schüssel geben. Die saure Sahne und den Safran unter die heißen Spaghetti rühren. Durch die Resthitze entfaltet der Safran sein volles Aroma, und die saure Sahne verbindet sich mit den Spaghetti. Falls nötig, mit etwas Salz würzen und mit Pfeffer abrunden.

▼

Die Spaghetti mit einer Gabel leicht aufrollen und auf tiefe Teller geben. Den Lachs dazulegen, mit frisch geriebenem Meerrettich sowie einigen Schnittlauchhalmen garnieren.

Zanderfilet
mit gebratenem Salat

Zutaten für 2 Personen

2 Zanderfilets (à 140 g; ohne Haut und Gräten)
1 EL flüssige Butter
Salz · Pfeffer aus der Mühle
3 Blätter Sauerampfer
2 Romanasalatherzen
3 EL Olivenöl
80 g Linsen
2 Schalotten
1/2 Karotte
300 ml Weißwein
300 ml Gemüsebrühe
1 TL Senf
1/2 Kartoffel

Den Backofen auf 100 °C vorheizen. Die Zanderfilets waschen, trocken tupfen und eventuell vorhandene Gräten entfernen. Die Filets mit der flüssigen Butter bestreichen und mit Salz und wenig Pfeffer bestreuen. Die Filets mit dem Sauerampfer belegen, auf einen ofenfesten Teller geben und im Ofen etwa 14 Minuten glasig garen.

Die Romanasalatherzen der Länge nach halbieren und den Strunk großzügig entfernen. Den Salat waschen, trocken tupfen und in feine Streifen schneiden. In einer Pfanne 2 EL Olivenöl erhitzen und die Salatstreifen darin anbraten, mit Salz und Pfeffer würzen.

Die Linsen in reichlich kochendem Wasser bissfest blanchieren, eiskalt abschrecken und gut abtropfen lassen. Die Schalotten schälen und in kleine Würfel schneiden. Die Karotte schälen und ebenfalls in kleine Würfel schneiden.

Etwas Olivenöl in einem Topf erhitzen und die Schalotten- und Karottenwürfel darin andünsten. Die Linsen dazugeben und mit 1 Schuss Weißwein ablöschen. Den restlichen Wein und die Brühe dazugeben und die Linsen bei schwacher Hitze gar kochen. Mit Salz und dem Senf abschmecken. Die Kartoffel fein dazureiben, unterrühren und die Sauce damit cremig binden.

Die Salatstreifen auf Teller verteilen und den Zander darauf anrichten, mit der Linsensauce beträufeln.

▸▸ Tipp

Den Fisch im Ofen bei 100 °C zuzubereiten ist eine sehr schonende Garmethode. So bleibt er innen glasig und bewahrt sein Aroma. Und das Beste daran: Er gelingt immer! Neben Zander kann man auch Forelle, Saibling, Wolfsbarsch und Dorade, aber auch Klassiker wie Lachs auf diese Weise perfekt zubereiten. Wer keinen Sauerampfer mag, kann stattdessen natürlich auch sein Lieblingskraut verwenden.

Zanderfilet
auf gebratenem Salbei

Zutaten für 2 Personen

2 Zanderfilets (à 120 g; mit Haut)
Salz · Pfeffer aus der Mühle
Mehl zum Bestäuben
1/2 EL Butterschmalz
1 Bund Salbei · 1/2 EL Butter

Die Zanderfilets waschen, trocken tupfen und eventuell vorhandene Gräten entfernen. Die Haut im Abstand von 1 cm mehrmals schräg einritzen. Die Filets auf beiden Seiten mit Salz und Pfeffer würzen und auf der Hautseite ganz leicht mit Mehl bestäuben.

▼

Das Butterschmalz in einer Pfanne erhitzen und die Zanderfilets darin auf der Hautseite bei mittlerer Hitze ganz langsam knusprig braten. Die Fischfilets aus der Pfanne nehmen und mit der Hautseite nach oben auf einem Teller ruhen lassen.

▼

Den Salbei waschen, trocken tupfen und die Blätter abzupfen. In einer Pfanne bei mittlerer Hitze braten. Die Zanderfilets mit der Hautseite nach oben auf die Salbeiblätter legen und 1 bis 2 Minuten mitbraten. Das Zanderfilet mit der Haut nach oben auf Tellern anrichten und mit den gebratenen Salbeiblättern garnieren.

Lachsforelle mit Safran
in der Folie gegart

Zutaten für 2 Personen

1 Lachsforellenfilet (ca. 300 g; ohne Haut)
Meersalz · Pfeffer aus der Mühle
1 kleine Fenchelknolle · 1 EL Olivenöl
1 Schuss Weißwein · Meersalz
1/2 Zitrone · 1 Prise Safranfäden

Das Lachsforellenfilet waschen, trocken tupfen und eventuell vorhandene Gräten entfernen. Das Fischfilet auf beiden Seiten mit Meersalz und Pfeffer würzen. Den Backofen auf 180 °C vorheizen.

▼

Den Fenchel putzen, waschen und längs halbieren. Den Strunk herausschneiden, das Grün entfernen und die Hälften in dünne Scheiben schneiden. Den Fenchel im Olivenöl kurz anbraten, mit Salz und Pfeffer würzen und mit Weißwein ablöschen.

▼

Den gebratenen Fenchel auf ein großes Stück Alufolie geben und das Fischfilet darauflegen. Die halbe Zitrone über dem Filet ausdrücken und die Safranfäden darüberstreuen. Die Enden der Alufolie über dem Fisch fest zusammenfalten. Das Päckchen auf ein Backblech legen und im Backofen 12 Minuten garen. Das Fischpäckchen auf eine Platte legen und erst am Tisch öffnen.

Rotbarschgratin
à la Ratatouille

Zutaten für 2 Personen

1 Aubergine · 1 kleiner Zucchino
2 rote Zwiebeln · 12 Cocktailtomaten
1/2 Bund Thymian · Olivenöl
1 Knoblauchzehe · Salz · Pfeffer aus der Mühle
2 Rotbarschfilets (à 150 g; ohne Haut)
100 g Sahne · 2 Eigelb
1 EL frisch geriebener Parmesan

Aubergine und Zucchino putzen, waschen und in etwa 2 cm große Würfel schneiden. Die Zwiebeln schälen und in feine Streifen schneiden. Die Cocktailtomaten waschen, trocken tupfen, halbieren und den Stielansatz entfernen. Den Thymian waschen, trocken schütteln und die Blättchen abzupfen.

▼

In einer großen Pfanne die Zwiebeln in etwas Olivenöl andünsten. Die Knoblauchzehe schälen, andrücken und mit den Auberginen- und Zucchiniwürfeln dazugeben. Das Gemüse mit Salz und Pfeffer würzen und dünsten. Cocktailtomaten und Thymianblätter hinzufügen, nochmals mit Salz und Pfeffer würzen und das Gemüse in eine mit Olivenöl bestrichene Auflaufform geben. Den Backofen auf 200 °C vorheizen.

▼

Die Rotbarschfilets waschen, trocken tupfen, eventuell vorhandene Gräten entfernen. Die Filets mit Salz und Pfeffer würzen, auf das Gemüse legen und im Ofen 8 Minuten garen. Die Sahne steif schlagen und mit den Eigelben, dem Parmesan sowie Salz und Pfeffer verrühren. Die Mischung auf den Fischfilets verteilen und im Ofen weitere 10 Minuten bei starker Oberhitze oder unter dem Backofengrill gratinieren.

Red-Snapper-Filet
auf Artischocken

Zutaten für 2 Personen

1 großes Red-Snapper-Filet (ca. 500 g; mit Haut)
Salz · Pfeffer aus der Mühle · Mehl zum Bestäuben
4 Schalotten · 2 große Artischocken
3 EL Olivenöl · 2 Schuss Weißwein
300 ml Gemüsebrühe · 1/2 Bund Estragon

Das Fischfilet waschen, trocken tupfen und eventuell vorhandene Gräten entfernen. Die Haut mit einem scharfen Messer in Abständen von 1 cm einritzen. Das Filet auf beiden Seiten salzen und pfeffern und auf der Hautseite mit Mehl bestäuben.

▼

Die Schalotten schälen und in Scheiben schneiden. Von den Artischocken den Stiel abtrennen, die Hüllblätter zu zwei Dritteln abschneiden und die verbleibenden Hüllblätter rund um die Artischockenböden abschneiden. Das »Heu« mit einem Teelöffel auslösen. Die Artischockenböden in Stücke schneiden. In einem Bräter die Schalotten in 1 EL Olivenöl andünsten, die Artischocken dazugeben, mitdünsten und mit Salz und Pfeffer würzen. Mit Weißwein ablöschen, die Brühe dazugeben und aufkochen lassen.

▼

Den Fisch bei mittlerer Hitze in 2 EL Olivenöl auf der Hautseite braten. Den Backofen auf 200 °C vorheizen. Estragon waschen, trocken schütteln und auf den Artischocken verteilen. Das Fischfilet mit der Hautseite nach oben darauflegen und im Ofen ohne Deckel etwa 12 Minuten schmoren. Das Fischfilet herausnehmen und im Ofen warm halten. Den Estragon entfernen, die Artischocken salzen und pfeffern. Den Fisch portionieren und mit Artischocken anrichten.

Saltimbocca vom Rotbarsch
mit Haselnussrisotto

Zutaten für 2 Personen

Für den Risotto:
1 Schalotte · 1 EL Butter
150 g Risottoreis
Salz · Pfeffer aus der Mühle
100 ml trockener Weißwein
3 Zweige Thymian
1 Knoblauchzehe
1 Lorbeerblatt
300 ml Gemüsebrühe
1 1/2 EL kalte Butter
1 EL frisch geriebener Parmesan
60 g geröstete Haselnüsse
Für den Rotbarsch:
4 dünne Rotbarschfilets (à 80 g)
Salz · Pfeffer aus der Mühle
4 Salbeiblätter
4 Scheiben Parmaschinken
Mehl · Olivenöl
1 Knoblauchzehe

Die Schalotte schälen, in kleine Würfel schneiden und in der Butter andünsten. Den Risottoreis dazugeben, mit Salz und Pfeffer würzen, kurz andünsten, mit Weißwein ablöschen, vom Herd nehmen und zugedeckt 5 Minuten quellen lassen.

Die Thymianzweige waschen, trocken schütteln und die Blätter abzupfen. Zusammen mit der angedrückten Knoblauchzehe, dem Lorbeerblatt und der Gemüsebrühe aufkochen. Nach und nach bei mittlerer Hitze zum Risotto geben und den Reis unter ständigem Rühren 14 bis 15 Minuten bissfest garen. Die kalte Butter, den Parmesan und die Haselnüsse unterrühren, sodass eine cremige Konsistenz entsteht.

Die Rotbarschfilets waschen, trocken tupfen und eventuell vorhandene Gräten entfernen. Filets mit Salz und Pfeffer würzen. Die Salbeiblätter waschen und trocken tupfen. Den Fisch auf der Hautseite mit je 1 Salbeiblatt und 1 Scheibe Parmaschinken belegen. Beides mit einem Zahnstocher feststecken. Den Fisch auf der Schinkenseite mit Mehl bestäuben. Etwas Olivenöl erhitzen und die Fischfilets mit der Mehlseite nach unten in einer Pfanne mit der angedrückten Knoblauchzehe bei mittlerer Hitze 2 Minuten braten.

Der Parmaschinken sollte leicht knusprig werden und das Rotbarschfilet etwas Farbe annehmen. Das Rotbarschfilet wenden und nochmals 30 bis 60 Sekunden braten. Den Haselnussrisotto auf Tellern anrichten, die Rotbarschfilets aus der Pfanne nehmen und daraufsetzen.

▶▶ Tipp

Zu dieser Art der Fischzubereitung passt statt des Risottos auch Pasta mit einer kräftig gewürzten Sauce (z. B. Penne all'arrabbiata).

Thunfisch-Kalbsinvoltini
mit Zitronen-Kapern-Sauce

Zutaten für 2 Personen

1/2 Kopf Romanesco
2 Scheiben Kalbsrücken (à 100 g; vom Metzger hauch-
dünn plattieren lassen)
Salz · Pfeffer aus der Mühle
1 Zweig Rosmarin
1 dicke Scheibe Thunfisch (250 g; Shusi-Qualität)
3 EL Olivenöl
1 EL Butter
1 Zitrone
1 TL Kapern
1 Tomate
1 Schalotte
2–3 Stiele Petersilie
1/2 Knoblauchzehe
150 ml Gemüsebrühe
1 EL Süßrahmbutter
1 Prise Alexanders Kräutersalz (siehe Seite 10)

Den Romanesco putzen, in kleine Röschen teilen und waschen. Die Kalbsrückenscheiben mit Salz und Pfeffer würzen. Den Rosmarin waschen, trocken schütteln, die Nadeln abzupfen und fein hacken. Rosmarin gleichmäßig auf dem Kalbsrücken verteilen. Die Thunfischscheibe längs halbieren und jeweils 1 Stück Thunfisch in jede Kalbsrückenscheibe wickeln.

Den Backofen auf 70 °C (Umluft) vorheizen. In einer Pfanne 1 EL Olivenöl erhitzen und die Involtini darin rundum etwa 1 Minute kräftig braun anbraten. Der Thunfisch wird so nicht ganz durchgebraten, denn der Kalbfleischmantel verhindert, dass die Hitze sich schnell im Thunfisch verteilt. Der Thunfisch soll in der Mitte noch schön glasig sein, also maximal lauwarm,

denn so schmeckt er am besten. Die Thunfisch-Kalbsinvoltini auf einen Teller legen und im Ofen 3 bis 4 Minuten ruhen lassen.

Die Pfanne mit Küchenpapier ausreiben und die Romanesco-Röschen in 1 EL Olivenöl 3 bis 4 Minuten bei mittlerer Hitze mit 1 Prise Salz langsam braten. Dabei die Pfanne öfter schwenken, damit die Röschen von allen Seiten schön braun werden. Zum Schluss die Butter hinzufügen, aufschäumen lassen und die Romanesco-Röschen darin schwenken. Auf Küchenpapier abtropfen lassen.

▼

Die Zitrone mit einem Messer so schälen, dass die weiße Haut mit entfernt wird. Die Zitronenfilets herausschneiden und grob hacken. Die Kapern ebenfalls grob hacken. Die Tomate waschen, vierteln, entkernen und den Stielansatz herausschneiden. Die Schalotte schälen und in kleine Würfel schneiden. Die Petersilie waschen und trocken schütteln, die Blätter abzupfen und ebenfalls fein hacken. Die Schalotte in einem kleinen Topf in 1 EL Olivenöl andünsten. Die Zitronenstücke, die Kapern, die geschälte Knoblauchzehe und die Tomatenviertel dazugeben. Mit der Brühe ablöschen, mit etwas Salz würzen und die Süßrahmbutter hinzufügen. Unter Rühren einkochen lassen, bis eine sämige, klare Sauce entsteht. Die Zitronen-Kapern-Sauce mit der gehackten Petersilie bestreuen.

▼

Den Romanesco auf einer Platte verteilen. Die Involtini in fingerdicke Scheiben schneiden, dekorativ darauf anrichten und mit der Zitronen-Kapern-Sauce übergießen. Auf die Schnittfläche der Thunfisch-Kalbsinvoltini 1 Prise Alexanders Kräutersalz geben.

Saibling-Basilikum-Rouladen
mit Sellerie-Limetten-Sud

Zutaten für 2 Personen

2 Saiblingsfilets (à 120 g; ohne Haut und Gräten)
Meersalz
Pfeffer aus der Mühle
1 TL flüssige Butter
20 Basilikumblätter
1 Schalotte
1 EL Butter
150 ml Weißwein
150 ml Gemüsebrühe
150 g Sahne
abgeriebene Schale und Saft von
1 unbehandelten Limette
1 1/2 EL kalte Süßrahmbutter
2 Stangen Staudensellerie

Die Saiblingsfilets waschen, trocken tupfen und eventuell vorhandene Gräten entfernen. Die Filets auf beiden Seiten mit Meersalz und Pfeffer würzen. Jeweils einen DIN-A4-großen Bogen Alufolie sowie ein DIN-A4-großes Stück Frischhaltefolie aufeinanderlegen. Die Frischhaltefolie bis zur Hälfte dünn mit flüssiger Butter bestreichen. Die Basilikumblätter waschen und trocken tupfen. Die Saiblingsfilets auf einer Seite mit den Basilikumblättern belegen und vorsichtig zu Rouladen aufrollen. In die Folien wickeln und die Enden wie einen Bonbon fest zusammendrehen.

▼

Den Backofen auf 80 °C (Umluft) vorheizen. Die Saibling-Basilikum-Rouladen im Ofen auf dem Ofengitter 16 bis 20 Minuten glasig garen.

Die Schalotte schälen und in kleine Würfel schneiden. In einem Topf in 1 EL Butter glasig andünsten. Weißwein, Gemüsebrühe und Sahne angießen und 2 bis 4 Minuten leicht einköcheln lassen. Mit etwas Limettenschale und einigen Tropfen Limettensaft sowie Salz und Pfeffer kräftig abschmecken und die kalte Butter hinzufügen. Mit dem Stabmixer schaumig aufmixen.

▼

Den Staudensellerie entfädeln und waschen. Die grünen Sellerieblätter in kaltes Wasser legen, damit sie knackig bleiben. Den Staudensellerie mit einem scharfen Messer in 1 bis 2 mm dünne Scheiben schneiden. In einem Topf in kochendem Salzwasser bissfest blanchieren. In eiskaltem Wasser abschrecken, abgießen und beiseitestellen.

▼

Die Saiblingsrouladen herausnehmen, in der Mitte mit einem scharfen Messer halbieren, so lassen sich die Folien leichter abziehen. Die Rouladen mit der Schnittfläche nach oben auf tiefe Teller verteilen. Kurz vor dem Servieren den Staudensellerie in den aufgeschäumten Limettensud geben, darin erwärmen und heiß über die Saibling-Basilikum-Rouladen gießen. Mit den Staudensellerieblättern garnieren. Als Beilage dazu passen kleine Salzkartoffeln.

Waller
in Pergamentpapier

Zutaten für 2 Personen

1 TL Butter
2 Stiele Petersilie
4 Zweige Rosmarin
2 Lorbeerblätter
8 Wacholderbeeren
abgeriebene Schale von 1/2 unbehandelten Zitrone
4 Wallerfilets (à 80 g)
Salz · Pfeffer aus der Mühle
1 Eiweiß
1 Stück frischer Meerrettich

Den Backofen auf 160 °C vorheizen. Eine Auflaufform mit Butter einfetten. Petersilie und Rosmarin waschen und trocken schütteln. Petersilienblätter abzupfen und mit Lorbeerblättern, Rosmarin, angedrückten Wacholderbeeren und der Zitronenschale in die Auflaufform geben.

Wallerfilets waschen, trocken tupfen, eventuell vorhandene Gräten entfernen. Die Filets mit Salz und Pfeffer würzen und auf die Kräuter legen. Ein Stück Pergamentpapier etwa 2 cm größer als die Auflaufform zurechtschneiden, den Rand mit Eiweiß bestreichen und die Auflaufform damit gut abdecken. Die Fischfilets 17 bis 20 Minuten im Backofen garen.

Zum Servieren mit einem scharfen Messer am Rand der Auflaufform entlangschneiden und die Pergamenthülle abheben. Mit frischem gehobeltem oder geraspeltem Meerrettich bestreuen. Dazu passt das saure Wurzelgemüse von Seite 200.

Riesengarnelen
im Schweinebratenmantel

Zutaten für 2 Personen

12 Riesengarnelen (Seawater-Qualität; 8/12er-Größe)
12 dünne Scheiben roher Schweinebauch (3 mm dick)
Salz
1/2 EL Butterschmalz
1 1/2 EL Butter
Zucker
14 Kümmelsamen
1 Salatgurke
1 Schuss Gemüsebrühe
3 EL Crème fraîche
Salz · Pfeffer aus der Mühle

Die Riesengarnelen schälen und den Darm entfernen. Die Garnelen waschen und trocken tupfen. Jeweils in 1 Scheibe Schweinebauch wickeln, mit Salz würzen und in einer Pfanne im heißen Butterschmalz von jeder Seite etwa 2 Minuten leicht braun braten. 1 EL Butter dazugeben und leicht aufschäumen lassen. Mit 1 Prise Zucker und dem Kümmel bestreuen und noch mal 30 Sekunden in der Butter braten, sodass sich das Aroma vom Kümmel entfalten kann und der Zucker leicht karamellisiert.

Die Gurke schälen, der Länge nach vierteln, entkernen und schräg in Stücke schneiden. Die restliche Butter in einer Pfanne schmelzen und verteilen, mit Brühe ablöschen und die Gurkenstücke 2 bis 3 Minuten darin dünsten. Die Crème fraîche sowie Salz und reichlich grob gemahlenen Pfeffer dazugeben. Die Pfeffergurken auf Teller verteilen und mit den Riesengarnelen dekorativ belegen.

Spaghettinester
mit Langostinosauce

Zutaten für 2 Personen

8 große Langostinos
2 Schalotten
3 EL Olivenöl
1 EL Tomatenmark
100 ml Weißwein
250 ml Gemüsebrühe
2 Tomaten
1 Knoblauchzehe
1 Stiel Estragon
Salz · Pfeffer aus der Mühle
250 g Spaghetti
1 TL Butter
1 EL Alexanders Würzöl (siehe Seite 8)

Die Langostinos schälen, die Schalen waschen und abtropfen lassen. Die Langostinos am Rücken der Länge nach einschneiden und den dunklen Darm entfernen. Die Langostinos waschen und trocken tupfen.

Die Schalotten schälen und in Streifen schneiden. In 1 EL Olivenöl andünsten, die Langostinoschalen dazugeben und rösten. Das Tomatenmark hinzufügen und kurz mitrösten. Mit Weißwein ablöschen und die Brühe dazugießen. Die Tomaten waschen und in grobe Würfel schneiden, dabei den Stielanatz entfernen. Die Knoblauchzehe andrücken. Den Estragonstiel waschen und trocken schütteln, die Blätter abzupfen, fein hacken und beiseitelegen. Tomaten, Knoblauch und den Estragonstiel zu den Langostinoschalen geben und die Sauce 20 Minuten köcheln lassen.

Die Sauce durch ein Sieb gießen und mit Salz und Pfeffer würzen. Nochmals aufkochen und das restliche Olivenöl untermixen. Die Spaghetti nach Packungsanweisung in einem Topf in reichlich Salzwasser bissfest garen.

Während die Nudeln kochen, die Langostinoschwänze mit Salz und Pfeffer würzen, mit gehacktem Estragon bestreuen und bei schwacher Hitze in Butter braten.

Die Nudeln in ein Sieb abgießen, abtropfen lassen und mit einer Gabel zu kleinen Nestern aufdrehen. Die Nudeln in tiefen Teller anrichten und die Langostinosauce darübergeben. Die Langostinos daraufsetzen und mit Alexanders Würzöl beträufeln.

▸▸ Tipp

Dieses Gericht schmeckt auch sehr gut, wenn Sie statt Langostinos Riesengarnelen oder Flusskrebse verwenden.

Fleisch, Geflügel & Wild

Roastbeef
mit lauwarmem Gemüsesalat

Zutaten für 4–6 Personen

400 g marmoriertes Roastbeef
Meersalz · Pfeffer aus der Mühle · Öl
1 EL Senf · 2 Bund Basilikum
4 Schalotten · 1/2 Salatgurke · 2 Karotten
je 1 rote und gelbe Paprikaschote
1/2 Bund Frühlingszwiebeln
10 Cocktailtomaten · 2 EL Olivenöl
200 ml Gemüsebrühe oder 1 gestr. TL Brühpulver
(in Wasser aufgelöst; Rezept siehe Seite 11)
Salz · 1 Schuss heller Kräuteressig
1 EL gehackte Petersilie

Das Roastbeef waschen, trocken tupfen und mit Meersalz und grob gemahlenem Pfeffer kräftig würzen. In etwas Öl rundum scharf anbraten. Herausnehmen und etwas abkühlen lassen. Das Fleisch dünn mit Senf bestreichen und nochmals mit grob gemahlenem Pfeffer würzen. Den Backofen auf 90 °C vorheizen.

Das Basilikum waschen, trocken schütteln und die Blätter abzupfen. Die Hälfte der Blätter auf einen großen Bogen Alufolie geben. Das Roastbeef darauflegen und das restliche Basilikum darüber verteilen. Die Alufolie straff um das Fleisch wickeln und gut verschließen, das Roastbeef auf ein Backblech legen und im Ofen etwa 2 Stunden rosa garen.

Für den Gemüsesalat die Schalotten schälen und vierteln. Die Gurke und die Karotten putzen, schälen und längs halbieren. Mit einem Löffel die Gurkenkerne herauskratzen, das Fruchtfleisch ebenso wie die Karotten in 1 cm dicke, schräge Scheiben schneiden. Die Paprika längs halbieren, entkernen und waschen. Die

Paprikahälften in größere Rauten oder Würfel schneiden. Die Frühlingszwiebeln putzen, waschen und in 1 cm breite Ringe schneiden. Die Tomaten waschen.

Die Schalotten im Olivenöl kurz andünsten, die Karotten und die Paprika dazugeben und ebenfalls andünsten. Mit der Brühe ablöschen und zugedeckt bei mittlerer Hitze garen. Wenn die Karotten fast gar sind, die Tomaten, Frühlingszwiebeln und Gurkenscheiben dazugeben. Das Gemüse mit Salz und Pfeffer würzen und zugedeckt nochmals 1 bis 2 Minuten bei mittlerer Hitze kochen. Das Gemüse vom Herd nehmen und offen stehen lassen.

Das Roastbeef aus der Folie nehmen und das Basilikum entfernen. Das Fleisch in 2 cm dicke Scheiben schneiden und nochmals mit Meersalz würzen.

Das Gemüse mit dem Essig abschmecken und die Petersilie untermischen. Das Roastbeef in Scheiben schneiden und mit dem lauwarmen Gemüsesalat anrichten. Dazu passt die Kartoffelcreme von Seite 31.

▸▸ Tipp

Das Roastbeef ist ein ideales Gästeessen. Wenn die Vorspeise etwas länger dauert oder Ihre Gäste sich verspäten, können Sie das Fleisch bei 60 °C 1 bis 2 Stunden warm halten, ohne dass es trocken wird oder an Aroma verliert.

Ossobuco
mit geschmorten Cocktailtomaten

Zutaten für 4 Personen

4 Kalbshaxenscheiben (3–4 cm dick)
Salz · Pfeffer aus der Mühle
5 Tomaten · 4 rote Zwiebeln
6 Knoblauchzehen
4 Zweige Rosmarin · 7 EL Olivenöl
1 Schuss Weißwein · 400 ml Fleischbrühe
8 Kartoffeln · 4 Karotten
1 Bund Frühlingszwiebeln
12 Cocktailtomaten · Meersalz
50 g getrocknete Tomaten

Die Kalbshaxenscheiben waschen, trocken tupfen und mit Salz und Pfeffer würzen. Die Tomaten waschen und halbieren, Stielansatz und Kerne entfernen, das Fruchtfleisch in grobe Stücke schneiden. 2 rote Zwiebeln schälen, halbieren und in kleine Würfel schneiden. Den Knoblauch schälen und mit einem Messer zerdrücken. Den Rosmarin waschen und trocken schütteln. Den Backofen auf 140 °C vorheizen.

▼

In einem Bräter 2 EL Olivenöl erhitzen, die Kalbshaxenscheiben darin auf beiden Seiten anbraten und herausnehmen. Die Zwiebeln ins Öl geben und anbraten. Die Tomaten hinzufügen und mit dem Weißwein ablöschen. Den Knoblauch, 3 Rosmarinzweige, die Haxenscheiben und die Brühe dazugeben und alles zugedeckt im Ofen 2 1/2 Stunden garen.

▼

Die Kartoffeln schälen und in Salzwasser weich garen. Die restlichen Zwiebeln schälen und in kleine Würfel schneiden. Die Karotten putzen, schälen und in dicke Scheiben schneiden. Die Frühlingszwiebeln putzen, waschen und in etwa 4 cm lange Stücke schneiden.

Die Zwiebeln in 1 EL Olivenöl andünsten. Die Karotten und die Frühlingszwiebeln dazugeben und kurz mitdünsten. Mit etwas Wasser ablöschen und zugedeckt bei mittlerer Hitze garen.

▼

Die Cocktailtomaten waschen und halbieren. Von dem restlichen Rosmarinzweig die Nadeln abzupfen. Die Tomaten mit den Rosmarinnadeln, 2 EL Olivenöl und etwas Meersalz mischen, in eine ofenfeste Form geben und im Ofen 10 Minuten schmoren.

▼

Die Kalbshaxenscheiben aus dem Bräter nehmen. Das mitgeschmorte Gemüse samt Sauce durch die »Flotte Lotte« drehen oder durch ein grobes Sieb streichen. 1 EL Olivenöl und eventuell etwas Wasser dazugeben. Die Schmorsauce mit Salz und Pfeffer würzen und nochmals erhitzen. Nach Belieben mit etwas altem Aceto balsamico oder Pesto abrunden.

▼

Die getrockneten Tomaten fein hacken. Die gegarten Kartoffeln abgießen, mit einer Gabel zerdrücken und auf Teller verteilen. Mit etwas Salz bestreuen, die getrockneten Tomaten darübergeben und mit dem restlichen Olivenöl beträufeln. Die Kalbshaxenscheiben daneben anrichten, das Karotten-Zwiebel-Gemüse sowie die geschmorten Cocktailtomaten dazugeben und die passierte Sauce rundum angießen.

Roastbeef
mit Karotten und Morcheln

Zutaten für 4–6 Personen

600 g Roastbeef
Salz · Pfeffer aus der Mühle
1/2 EL Butterschmalz
6 EL getrocknete Morcheln
2 Bund junge Karotten (mit Grün)
1 EL Butter
300 ml Gemüsebrühe
Speisestärke · grobes Meersalz

Den Backofen auf 90 °C vorheizen. Das Roastbeef mit Salz und Pfeffer würzen und in einem Bräter im Butterschmalz von allen Seiten kräftig anbraten. Auf das Ofengitter legen und auf der mittleren Schiene etwa 2 Stunden rosa garen.

▼

Die Morcheln mit dem Stabmixer zu Pulver zerkleinern. Durch ein Sieb streuen, grobe Stücke im Mörser pulverisieren. Da das Morchelpulver sehr intensiv ist, reicht 1 gehäufter TL (den Rest für andere Fleisch- oder Gemüsegerichte verwenden).

▼

Die Karotten schälen oder mit einer Gemüsebürste säubern, der Länge nach halbieren bzw. vierteln. In der Butter kurz anbraten, mit der Brühe ablöschen, mit etwas Salz würzen und zugedeckt 8 bis 10 Minuten bissfest dünsten. Den entstandenen Karottenfond mit etwas Speisestärke leicht binden.

▼

Das Roastbeef in 4 bis 6 Scheiben schneiden. Die Karotten mit der Sauce anrichten und das Roastbeef darauflegen. Mit Meersalz, grob gemahlenem Pfeffer und 1 TL Morchelpulver dünn bestreuen. Als Beilage dazu passen die Kartoffeln im Meersalz von Seite 194.

Blitz-Sauerbraten
mit gebratenem Blaukraut

Zutaten für 2 Personen

200 ml kräftiger Rotwein
400 ml kräftige Gemüse- oder Fleischbrühe
2 EL Gemüse-Juspaste (siehe Seite 10)
1/2 Päckchen Saucenlebkuchen
Salz · Pfeffer aus der Mühle
6 Scheiben Rinderfilet (à 60 g)
1/4 Kopf Rotkohl (Blaukraut)
1 EL Butterschmalz

Den Rotwein in einen Topf geben und auf die Hälfte einkochen lassen. Die Brühe dazugießen und die Juspaste dazugeben. Den Saucenlebkuchen fein zerkleinern, hinzufügen und alles aufkochen lassen. Den Topf vom Herd nehmen und die Sauce etwa 5 Minuten zugedeckt ziehen lassen. Mit dem Stabmixer kräftig durchmixen und mit Salz und Pfeffer würzen, nach Belieben mit etwas Rotweinessig abschmecken.

▼

Die Rinderfiletscheiben mit Salz und Pfeffer würzen, in die heiße, aber nicht mehr kochende Sauce legen und 6 Minuten ziehen lassen.

▼

Vom Rotkohl den Strunk entfernen und den Kohl in feine Streifen schneiden. Den Rotkohl waschen und abtropfen lassen. Das Butterschmalz in einer Pfanne erhitzen und den Rotkohl darin bei mittlerer Hitze unter häufigem Rühren leicht kross braten. Mit Salz und Pfeffer würzen.

▼

Zum Servieren das gebratene Blaukraut mit dem Rinderfilet auf Tellern anrichten. Die Sauce nochmals aufmixen und über das Fleisch verteilen. Dazu passen sehr gut Kartoffelklöße.

Tagliatelle
mit Gulaschsauce und Knoblauchorangen

Zutaten für 2 Personen

2 Zwiebeln · 3 Zweige Thymian
1 unbehandelte Zitrone · 6 EL Olivenöl
150 g Hackfleisch (aus Gulaschfleisch)
Salz · Pfeffer aus der Mühle
1 EL Tomatenmark · 1 Schuss Rotwein
gemahlener Kümmel · Cayennepfeffer
300 ml Gemüsebrühe oder 1 1/2 TL Brühpulver
(in Wasser aufgelöst; Rezept siehe Seite 11)
2 Orangen · 1/2 Knoblauchzehe
220 g Tagliatelle

Die Zwiebeln schälen und in kleine Würfel schneiden. Den Thymian waschen und trocken schütteln. Die Zitrone heiß waschen, abtrocknen und etwas Schale abreiben. Die Zwiebeln in 2 EL Olivenöl andünsten. Das Hackfleisch dazugeben, mit Salz und Pfeffer würzen und mitbraten.

▼

Das Tomatenmark hinzufügen und kurz anrösten. Mit dem Rotwein ablöschen, die Thymianzweige und die Zitronenschale dazugeben, mit 1 Prise Kümmel und Cayennepfeffer würzen. Die Brühe dazugießen und alles zugedeckt bei mittlerer Hitze 15 Minuten zu einer sämigen Sauce einkochen lassen. Falls nötig, noch etwas Brühe nachgießen.

Den Backofen auf 120 °C vorheizen. Die Orangen so schälen, dass die weiße Haut mit entfernt wird. Die Fruchtfilets herauslösen und in eine tiefe Auflaufform geben. Den Knoblauch schälen und mit dem restlichen Olivenöl mit dem Stabmixer pürieren. 2 bis 3 EL Knoblauchöl über die Orangenfilets geben und mit grob gemahlenem Pfeffer würzen. Die Knoblauchorangen im Ofen 10 Minuten garen.

▼

Die Tagliatelle nach Packungsanweisung in reichlich Salzwasser bissfest garen. Die Gulaschsauce mit Cayennepfeffer und Salz abschmecken und die Thymianzweige entfernen. Die Nudeln in ein Sieb abgießen, kurz abtropfen lassen und in tiefen Tellern anrichten. Die Gulaschsauce auf den Nudeln verteilen und die Knoblauchorangen darauflegen. Nach Belieben mit frisch geriebenem Parmesan bestreuen.

▶▶ T i p p

Die Gulaschsauce sollte ähnlich sämig wie eine Sauce bolognese sein. Sie schmeckt jedoch ganz anders, sehr herzhaft, weil keine Tomaten mitgekocht werden, dafür aber alle typischen Gulaschgewürze.

Kalbsleber
mit Melone und Tagliatelle

Zutaten für 2 Personen

2 Zwiebeln · 2 EL Olivenöl
1 Knoblauchzehe · 1 TL brauner Zucker
1 Schuss Rotwein · 2 EL Aceto balsamico
4 Zweige Thymian
Salz · Pfeffer aus der Mühle
220 g Kalbsleber (in feine Streifen geschnitten)
1/2 orangefleischige Melone oder Honigmelone
1–2 EL Butter · 160 g Tagliatelle
3 EL Pinienkerne · 1 Schuss Gemüsebrühe

Die Zwiebeln schälen und in feine Streifen schneiden. In 1 EL Olivenöl bei mittlerer Hitze etwa 6 Minuten braten. Die angedrückte Knoblauchzehe und den Zucker dazugeben und etwa 1 Minute karamellisieren. Mit dem Rotwein und dem Essig ablöschen. Den Thymian waschen, trocken schütteln und die Blättchen abzupfen. Die Zwiebeln mit Thymian, Salz und Pfeffer würzen, herausnehmen und beiseitestellen. Die Pfanne mit Küchenpapier ausreiben. Das restliche Olivenöl stark erhitzen und die Kalbsleber darin anbraten. Auf einen Teller geben und mit Salz würzen.

▼

Die Melone schälen, entkernen und das Fruchtfleisch in Streifen schneiden. Die Pfanne mit Küchenpapier ausreiben und 1 TL Butter darin zerlassen. Die Melonenstreifen kurz darin schwenken, mit Salz und Pfeffer würzen. Kalbsleber und Zwiebeln unterrühren.

▼

Die Tagliatelle in reichlich Salzwasser bissfest garen. Die Pinienkerne in der restlichen Butter 1 bis 2 Minuten braun braten und mit der Brühe ablöschen. Die Nudeln dazugeben, kurz durchschwenken und mit Salz würzen. Die Nudeln mit der Kalbsleber anrichten.

Kalbstafelspitz
mit Steinpilz-Pfirsich-Gemüse

Zutaten für 4–6 Personen

1 Kalbstafelspitz (650 g; vom Metzger plattieren lassen)
Salz · Pfeffer aus der Mühle
3 EL Olivenöl · 3 Schalotten
500 g Steinpilze (ersatzweise Egerlinge)
3 weiße Pfirsiche
1 Zweig Rosmarin
1 Knoblauchzehe
1 EL Butter · Meersalz
3 EL alter Aceto balsamico

Den Backofen auf 110 °C vorheizen. Den Kalbstafelspitz mit Salz und Pfeffer würzen und im Bräter oder einer großen Pfanne in 2 EL Olivenöl von allen Seiten gut anbraten. Im Ofen auf dem Gitter 75 bis 90 Minuten rosa garen.

▼

Die Schalotten schälen und in feine Streifen schneiden. Die Pilze putzen und in feine Scheiben schneiden. Die Pfirsiche waschen, halbieren, entsteinen und in dünne Spalten schneiden. Den Rosmarin waschen, trocken schütteln und die Nadeln abzupfen. Die Schalotten in 1 EL Olivenöl anbraten, die Pilze dazugeben, mitbraten und mit Salz würzen. Den angedrückten Knoblauch und den Rosmarin hinzufügen und durchschwenken.

▼

Die Pfirsichspalten und die Butter hinzufügen und gut durchschwenken. Den Tafelspitz in dünne Scheiben schneiden und auf einer großen Platte leicht überlappend anrichten. Das Steinpilz-Pfirsich-Gemüse über den Tafelspitz geben und mit Meersalz und grob gemahlenem Pfeffer bestreuen. Zuletzt mit Olivenöl und dem Essig beträufeln.

Makkaronitorte
mit Parmaschinken und Tomaten

Zutaten für 6 Personen

500 g Makkaroni · Salz
Butter für die Form
14 Scheiben Parmaschinken
3 Zweige Thymian
200 g Sahne
4–5 Eier
1 Kugel Büffelmozzarella (125 g)
10 Cocktailtomaten (mit Grün)
1 Knoblauchzehe
Meersalz · Pfeffer aus der Mühle
50 ml Olivenöl

Die Makkaroni nach Packungsanweisung in reichlich Salzwasser bissfest garen. Die Nudeln in ein Sieb abgießen und abtropfen lassen.

Den Backofen auf 160 °C (Umluft) vorheizen. Eine Springform (20 cm Durchmesser) mit Butter einfetten. Den Boden und den Rand der Form mit dem Parmaschinken auskleiden. Die Makkaroni spiralförmig auf den Schinken legen. Den Thymian waschen und trocken schütteln, die Blättchen abzupfen und hacken. Die Sahne mit Eiern, Thymian und Salz verrühren und auf die Makkaroni gießen. Mozzarella in dünne Scheiben schneiden und darauflegen. Im Ofen 35 Minuten backen, dann weitere 10 Minuten bei 180 °C backen. Etwas abkühlen lassen. Die Torte aus der Form nehmen, in Stücke schneiden und auf eine Platte setzen.

Die Tomaten waschen, mit dem angedrückten Knoblauch, Meersalz, Pfeffer und Olivenöl zugedeckt 15 Minuten bei schwacher Hitze schmoren. Zu der Makkaronitorte servieren.

Lasagne mit Ricotta
im Parmaschinkenmantel

Zutaten für 2–4 Personen

12 Lasagneblätter · Salz
30 schwarze Oliven
9 Zweige Thymian
5 Eigelb
450 g Ricotta
Salz · Pfeffer aus der Mühle
Alufolie oder Backpapier
2 EL Olivenöl
12 dünne Scheiben Parmaschinken

Die Lasagneblätter nach Packungsanweisung in reichlich Salzwasser bissfest garen. Mit dem Schaumlöffel herausnehmen und eiskalt abschrecken. Auf ein Tuch legen und trocken tupfen. Die Oliven entsteinen und in kleine Würfel schneiden. Den Thymian waschen, trocken schütteln und die Blättchen abzupfen. Beides mit den Eigelben, dem Ricotta sowie Salz und Pfeffer verrühren. Eine rechteckige Kuchen- oder Auflaufform mit Alufolie oder Backpapier auslegen, mit Olivenöl bestreichen und mit Parmaschinken auslegen.

Den Backofen auf 170 °C (Umluft) vorheizen. Die erste Schicht Nudeln in die Auflaufform legen, dabei darauf achten, dass die Nudelplatten den Boden der Form vollständig belegen. 1 bis 2 EL Ricottamasse daraufgeben und mit der nächsten Schicht Lasagneblätter belegen. So fortfahren, bis alle Lasagneblätter und die Ricottamasse aufgebraucht sind. Die Lasagne im Ofen 20 Minuten backen. Herausnehmen und 2 Minuten ruhen lassen. Die Lasagne auf eine Platte stürzen. Die Folie entfernen und die Lasagne mit einem scharfen Messer in Scheiben schneiden.

Geschmorte Rinderschulter
mit Schalottensauce und Haselnüssen

Zutaten für 6 Personen

2 große Rindfleischstücke (aus der Schulter;
à 800 g; küchenfertig) · Salz
2 EL Butterschmalz
3 Zwiebeln · 1 Karotte
¼ Sellerieknolle · ½ Lauchstange
2 EL Tomatenmark
2 Flaschen Spätburgunder (kein Barrique;
alternativ: Lemberger, Pinot noir)
3 Tomaten · 3 Lorbeerblätter
30 kleine Schalotten
½ Bund Rosmarin
Pfeffer aus der Mühle
140 g ganze geschälte Haselnüsse

Den Backofen auf 180 °C (Umluft) vorheizen. Die Rindfleischstücke salzen und in einem Bräter in 1 EL Butterschmalz von allen Seiten anbraten. Herausnehmen und beiseitelegen. Zwiebeln, Karotte, Sellerie und Lauch schälen bzw. putzen und waschen und in grobe Würfel schneiden. Die Gemüsewürfel in den Bräter geben und anbraten. Das Tomatenmark hinzufügen, unterrühren und anrösten. Den Rotwein angießen und aufkochen. Die Tomaten waschen und halbieren. Das Fleisch mit den Tomaten, 1 Prise Salz und den Lorbeerblättern wieder in den Bräter geben. Das Fleisch sollte mit Schmorfond gut bedeckt sein. Falls nötig, etwas Wasser hinzufügen und erneut aufkochen.

▼

Den Braten im Ofen zugedeckt zunächst 75 Minuten garen. Die Temperatur auf 110 °C (Umluft) verringern und das Fleisch weitere 3 Stunden garen (durch die niedrige Temperatur gart der Braten ganz behutsam, d. h., er wird nicht trocken, sondern butterzart). Für die

Garprobe mit einem spitzen Messer in die Mitte der Bratenstücke stechen. Gibt das Fleisch nach wie weiche Butter, ist der Braten fertig. Falls nicht, das Fleisch zugedeckt weitere 30 bis 40 Minuten garen.

▼

Das fertige Fleisch aus dem Schmorfond nehmen und bei Zimmertemperatur abkühlen lassen. Die Sauce in einen Topf geben, aufkochen und, falls nötig, noch etwas einkochen lassen. Mit dem Stabmixer fein mixen und durch ein Sieb gießen.

▼

Die Schalotten schälen. Den Rosmarin waschen und trocken schütteln, die Nadeln abzupfen und hacken. Die ganzen Schalotten im restlichen Butterschmalz anbraten, die Sauce angießen und 30 Minuten zugedeckt leicht köcheln lassen. Mit Salz, Pfeffer und Rosmarin verfeinern. Das Fleisch in jeweils 6 dicke Scheiben schneiden und diese überlappend in zwei flache Auflaufformen legen. Die Sauce mit den Schalotten darüber verteilen.

▼

Die Haselnüsse auf ein Backblech legen und im Ofen bei 140 °C (Umluft) etwa 15 Minuten rösten. Die Nüsse leicht salzen. Zum Anrichten das Fleisch mit Sauce in den Auflaufformen bei 100 °C im Ofen etwa 30 Minuten erwärmen. Das Fleisch, die Schalotten und die Sauce aus einer Auflaufform auf Teller verteilen (die zweite Auflaufform auf den Tisch stellen). Werden die Pfefferaprikosen von Seite 202 dazu serviert, diese aufkochen und mit den Haselnüssen garnieren.

Schweinemedaillons auf Zimtspießen

mit Tomaten-Papaya-Gemüse

Zutaten für 2 Personen

1/2 kleine reife Papaya
2 Tomaten
Salz · Pfeffer aus der Mühle
4 Strudelteigblätter (tiefgekühlt)
2 EL flüssige Butter · 1 Eigelb
4 Schweinemedaillons (à 70 g)
4 Zimtstangen
1 EL Butterschmalz
1 EL Butter · 1 Schuss Weißwein
1 EL Honig
1 TL getrockneter Thymian
1 TL Sesamsamen

Die Papayahälfte schälen und halbieren, die Kerne mit einem Löffel entfernen und das Fruchtfleisch grob raspeln. Die Tomaten waschen und vierteln, den Stielansatz und die Kerne entfernen und das Fruchtfleisch in kleine Würfel schneiden. Die Tomatenwürfel leicht salzen, mit den Papayaraspeln mischen und kräftig mit Pfeffer würzen. Zwei kleine Einmachgläser zu zwei Dritteln mit der Tomaten-Papaya-Masse füllen. Den Backofen auf 170 °C vorheizen.

Die Strudelteigblätter auslegen und auftauen lassen. Zwei Teigblätter mit etwas Butter bestreichen und die beiden anderen Blätter darauflegen. Aus den Teigblättern Deckel für die Gläser schneiden, sie sollten etwa 1 cm über den Glasrand hinausstehen. Die Deckelränder mit Eigelb bestreichen.

Die Teigdeckel mit der bestrichenen Seite nach unten auf die Gläser legen, die Ränder nach unten klappen und andrücken. Die Teigoberseite mit der restlichen Butter bestreichen. Im Ofen etwa 12 Minuten goldbraun backen.

Die Schweinemedaillons mit Salz und Pfeffer würzen und durch jedes Medaillon in der Mitte eine Zimtstange stecken. Das Butterschmalz in einer Pfanne erhitzen und die Spieße darin bei starker Hitze rundum anbraten. Die Hitze reduzieren, die Butter dazugeben und aufschäumen. Die Medaillons darin etwa 3 Minuten fertig braten. Dabei das Fleisch immer wieder mit der Butter übergießen und darauf achten, dass die Butter nicht verbrennt. Die Schweinemedaillons auf Küchenpapier abtropfen lassen.

Den Weißwein mit Honig, Thymian und Sesam aufkochen und einkochen lassen, bis die Mischung eine sämige Konsistenz hat. Je 2 Medaillons auf Tellern anrichten und mit dem Sesamhonig beträufeln. Das Tomaten-Papaya-Gemüse im Glas dazu servieren.

▸▸ T i p p

Das Tomaten-Papaya-Gemüse ist fertig, wenn die Strudelhaube goldbraun ist und das Gemüse im Glas brodelt.

Gefüllter Schweinerücken vom Grill

mit Rucola-Zwiebel-Salat

Zutaten für 6–8 Personen

2 Schweinerücken (à 500 g)
Salz · 1 TL Senfkörner
1 TL ganzer Kreuzkümmel
2 TL Szechuanpfeffer
4 EL Cognac
300 g Blattspinat
Pfeffer aus der Mühle
4 weiße Zwiebeln
50 ml weißer Aceto balsamico
100 ml Rapsöl
1–2 Bund Rucola

Die Schweinerücken mit einem langen Messer der Form des Fleisches entlang bis etwa zur Hälfte 1 cm dick einschneiden. Das aufgeschnittene Fleisch zur Seite klappen. Das zweite Fleischstück ebenso einschneiden und die Seite auseinanderklappen, sodass eine große flache Scheibe entsteht. Falls nötig, etwas flach klopfen. Die Schweinerücken mit Salz würzen.

▼

Senfkörner, Kreuzkümmel und Szechuanpfeffer in einer Pfanne 40 Sekunden rösten. Die Pfanne vom Herd nehmen, schräg halten und den Cognac vorsichtig hineingießen. Mit einem Streichholz entzünden und die Gewürzmischung so lange flambieren, bis der Cognac vollkommen verdampft ist. Die Gewürze dann im Mörser zerstoßen und gleichmäßig auf den beiden Schweinerücken verteilen.

Den Spinat putzen, die harten Stiele abschneiden und die Blätter gründlich waschen. In kochendem Salzwasser 10 Sekunden blanchieren, kalt abschrecken, abgießen und gut ausdrücken. Den Spinat mit Salz und Pfeffer würzen und auf dem Fleisch verteilen. Die Schweinerücken aufrollen, mit Küchengarn zusammenbinden und auf dem Grill langsam rosa garen.

▼

Die Zwiebeln schälen und in dünne Streifen schneiden. 1 Minute in kochendem Salzwasser blanchieren und gut abtropfen lassen. Essig und Rapsöl verrühren, mit Salz und Pfeffer würzen und die noch lauwarmen Zwiebelstreifen darin marinieren. Den Rucola verlesen und die harten Stiele abschneiden. Den Rucola waschen und trocken schleudern.

▼

Kurz vor dem Servieren den Rucola mit den Zwiebeln mischen und auf eine Platte geben. Die Schweinerücken in Scheiben schneiden und darauf anrichten.

▸▸ Tipp

Sie können auch noch einige Cocktailtomaten an der Rispe mit auf den Grill legen. Oder die geschmorten Cocktailtomaten von Seite 154 dazu servieren.

Lammrücken
mit lauwarmem Bohnensalat

Zutaten für 2 Personen

1 Bund Rosmarin
1/2 Bund Salbei
1/4 Bund Basilikum
2 Lammrückenstränge (à 200 g; küchenfertig)
Salz · Pfeffer aus der Mühle
3 EL Olivenöl
1 Knoblauchzehe
250 g weiße Bohnen (aus dem Glas)
2 Frühlingszwiebeln
150 ml Gemüsebrühe
1 EL Weißweinessig
1 EL Szechuanpfeffer
5 cl Cognac

Den Backofen auf 140 °C (Umluft) vorheizen. Die Kräuter waschen und trocken schütteln. Die Lammrücken mit Salz und Pfeffer würzen. In einer Pfanne 1 EL Olivenöl erhitzen und die Lammrücken darin von allen Seiten gut anbraten. Mit den Kräutern und der angedrückten Knoblauchzehe locker in Alufolie wickeln und im Ofen 10 bis 12 Minuten rosa garen.

Die Bohnen in ein Sieb abgießen, mit lauwarmem Wasser abspülen und abtropfen lassen. Die Frühlingszwiebeln putzen und waschen, schräg in Scheiben schneiden und in 1 EL Olivenöl andünsten. Mit der Brühe ablöschen und aufkochen lassen. Die Bohnen dazugeben und einmal durchschwenken. Mit Salz würzen und mit Essig und etwas Olivenöl abschmecken.

Den lauwarmen Bohnensalat mit dem Sud in einen tiefen Teller geben. Die Lammrücken aus der Alufolie wickeln, schräg in dünne Scheiben schneiden und auf dem Bohnensalat anrichten. Den Fleischsaft aus der Alufolie mit einem Löffel über das Fleisch träufeln.

Den Szechuanpfeffer in einem kleinen Topf oder einer Pfanne ohne Fett etwa 1 Minute leicht rösten. Vom Herd nehmen und abkühlen lassen. Den Topf schräg halten, den zimmerwarmen Cognac hineingießen und anzünden. Die Pfanne einmal schwenken und den flambierten Pfeffer über das Fleisch verteilen.

▶▶ Tipp

Möchte man etwas mehr Sauce haben, einfach 1 EL Gemüse-Juspaste (siehe Seite 10) zum flambierten Pfeffer geben: Schon hat man eine Cognac-Pfeffer-Jus, die hervorragend zum Lamm passt.

Lammfilet-Rosmarinspieße
mit Pilzen und Orangenkartoffeln

Zutaten für 2 Personen

2 große Zweige Rosmarin
2 Lammfilets (à 60–80 g)
Salz · Pfeffer aus der Mühle
80 g Egerlinge
50 g Champignons
2 EL Olivenöl
2 vorwiegend festkochende Kartoffeln
1 Schalotte
1 unbehandelte Orange
2 Knoblauchzehen
50 g Speck (in Scheiben)
200 ml Gemüsebrühe
Speisestärke

Die Rosmarinzweige waschen, trocken schütteln und zu etwa zwei Dritteln entnadeln, sodass 2 Spieße entstehen. Die Enden mit einem Messer spitz zuschneiden. Die Lammfilets von Sehnen befreien und mit Salz und Pfeffer würzen. Die Filets zu Schnecken aufrollen und je 1 Rosmarinspieß hindurchstecken. Die Pilze putzen, trocken abreiben und vierteln. Das Olivenöl in einer Pfanne erhitzen und die aufgerollten Filets mit den geviertelten Pilzen darin bei schwacher Hitze auf beiden Seiten 5 bis 8 Minuten braten.

Inzwischen die Kartoffeln schälen und in 1 cm dicke Scheiben schneiden. Die Schalotte schälen und in dünne Streifen schneiden. Die Orange heiß waschen und abtrocknen, die Schale abreiben und den Saft auspressen. Den Knoblauch schälen.

Kartoffelscheiben, Speck, Orangenschale und -saft, Schalotten- und Knoblauchwürfel in eine große, flache Pfanne geben und mit Pfeffer würzen. Die Brühe dazugießen und alles erhitzen. Die Kartoffeln in der Flüssigkeit weich garen und mit dem Schaumlöffel herausheben.

Etwas Speisestärke mit wenig Wasser anrühren und unter den Orangensud rühren, bis er sämig gebunden ist. Die Orangenkartoffeln auf Teller verteilen, die Lammspieße mit den Pilzen darauf anrichten und mit dem Orangensud beträufelt servieren.

Die Kartoffeln entwickeln mit Schalotten, Speck und Orangensaft ein herzhaftes und fruchtiges Wechselspiel! Auf diese Weise verwandeln sich die oft als langweilig abgestempelten Knollen von der Sättigungsbeilage zum Aromageber! Die Orangenkartoffeln passen auch perfekt zu Wildgerichten, Entenbrust oder rosa gebratenem Schweinefleisch.

Milchlammschulter
mit Oliven geschmort

Zutaten für 4 Personen

1 Milchlammschulter mit Knochen (ca. 1,4 kg; küchenfertig; vom Metzger vorbereiten lassen)
Salz · Pfeffer aus der Mühle
5–6 EL Olivenöl
2 rote Zwiebeln
2 rote Paprikaschoten
3 Knoblauchzehen
½ Bund Thymian
1 EL Tomatenmark
400 ml spanischer trockener Rotwein (kein Barrique)
600 ml Gemüsebrühe
1 TL schwarze Olivenpaste
15 schwarze Oliven
5–6 mittelgroße Kartoffeln
Meersalz

Die Milchlammschulter auf beiden Seiten mit Salz und Pfeffer würzen. In einem ausreichend großen Bräter in 1 bis 2 EL Olivenöl auf beiden Seiten anbraten. Die Zwiebeln schälen und in feine Streifen schneiden. Die Paprikaschoten vierteln, entkernen, waschen und in breite Streifen schneiden. Die Knoblauchzehen andrücken. Die Milchlammschulter aus dem Bräter nehmen und auf einem ofenfesten Teller beiseitestellen.

▼

Den Backofen auf 160 °C (Umluft) vorheizen. Den Thymian waschen und trocken schütteln. Die Zwiebeln und Paprika im Bräter andünsten. Das Tomatenmark dazugeben und kurz rösten, bis sich Röststoffe am Boden bilden. Mit dem Rotwein ablöschen und die Brühe dazugießen. Den ungeschälten Knoblauch, die Olivenpaste sowie den Thymian hinzufügen. Alles aufkochen und die Milchlammschulter hineingeben.

Das Fleisch im Ofen zugedeckt 1½ bis maximal 2 Stunden langsam schmoren. Die Milchlammschulter ist fertig, wenn man mit einem Messer an der dicksten Stelle ganz leicht hineinstechen kann. Die Lammschulter vorsichtig aus dem Schmorsud nehmen und auf einem Teller beiseitestellen, mit Alufolie abdecken und ruhen lassen.

▼

Das Gemüse samt Schmorfond erneut aufkochen und durch die »Flotte Lotte« passieren. So entsteht eine hocharomatische Schmorsauce. Wer es lieber etwas feiner möchte, kann das Gemüse auch pürieren und alles durch ein feines Sieb streichen. Die schwarzen Oliven entsteinen und in grobe Würfel schneiden. Mit 2 EL Olivenöl in die Sauce geben, verrühren und nur erwärmen, nicht mehr kochen.

▼

Die Kartoffeln schälen, waschen und in Salzwasser gar kochen. Abgießen, auf ein Backblech geben und 1 bis 2 Minuten ausdampfen lassen. Die Kartoffeln mit einer Gabel grob zerdrücken und auf einer Platte verteilen. Mit Meersalz und Pfeffer würzen und mit 2 bis 3 EL Olivenöl beträufeln. Die Lammschulter, falls nötig, im Backofen bei 100 °C (Umluft) erneut erwärmen. Auf einem Küchenbrett vorsichtig vom Knochen lösen und in große, dicke Scheiben schneiden. Die Scheiben auf die zerdrückten Kartoffeln legen, mit der heißen Schmorsauce übergießen und sofort servieren. Dazu passen als Beilage die Feigen in Serranoschinken von Seite 62.

Perlhuhnbrust
mit Süßkartoffelstampf

Zutaten für 2 Personen

1 Zwiebel · 1 EL Butter
1 Schuss Weißwein · 200 ml Gemüsebrühe
6 Korianderkörner · 1 Scheibe Ingwer
2–3 Süßkartoffeln · Salz
2 Perlhuhnbrüste
Pfeffer aus der Mühle
1 EL Olivenöl · 2 Stiele Estragon
1–2 EL Haselnussöl
1 Msp. Currypulver
4 EL geröstete Cashewkerne

Die Zwiebel schälen, in feine Streifen schneiden und in $1/2$ EL Butter andünsten. Weißwein und Brühe angießen, Koriander und Ingwer dazugeben. Zugedeckt bei schwacher Hitze 6 Minuten köcheln lassen und durch ein Sieb gießen. Die Süßkartoffeln waschen und in Salzwasser weich garen. Ausdampfen lassen, pellen und mit einer Gabel zerdrücken.

▼

Den Backofen auf 130 °C (Umluft) vorheizen. Die Perlhuhnbrüste waschen, trocken tupfen und mit Salz und Pfeffer würzen. In einer ofenfesten Pfanne im Olivenöl auf beiden Seiten jeweils 1 Minute anbraten. Den Estragon waschen, trocken schütteln und dazugeben. Die Perlhuhnbrüste mit der Hautseite nach oben 8 bis 12 Minuten im Ofen weitergaren. 1 EL Süßkartoffelbrei in den Zwiebelsud geben, Nussöl hinzufügen, mit dem Stabmixer mixen und salzen. Die restliche Butter aufschäumen, Curry dazugeben und erwärmen. Die Süßkartoffeln hinzufügen und erwärmen. Mit Salz würzen, die Cashewkerne unterrühren und alles auf Teller verteilen. Die Ölemulsion angießen, die Perlhuhnbrüste in dünne Scheiben schneiden und darauflegen.

Maishähnchenbrust
mit Radicchio-Orecchiette

Zutaten für 2 Personen

2 Maishähnchenbrüste (ohne Haut)
Salz · Pfeffer aus der Mühle
1 EL Olivenöl
1 EL Honig · 100 ml Portwein
100 ml Gemüsebrühe · 1–2 EL Aceto balsamico
2 Zweige Rosmarin
$1\,1/2$ EL Butter · 2 EL Rosinen
$1/2$ Kopf Radicchio
1 TL brauner Zucker
$1/2$ Knoblauchzehe
140 g Orecchiette

Die Hähnchenbrüste waschen, trocken tupfen und in 2 cm große Würfel schneiden. Mit Salz und Pfeffer würzen, in einer Pfanne im Olivenöl anbraten und herausnehmen. Den Honig in der Pfanne karamellisieren und mit 50 ml Portwein, 50 ml Brühe und dem Essig ablöschen. Den Rosmarin waschen, trocken tupfen und die Nadeln abzupfen. $1/2$ EL Butter, Rosinen und Rosmarin hinzufügen. Die Fleischwürfel zurück in die Pfanne geben und den Fond 2 bis 3 Minuten sämig einkochen lassen. Mit Salz und Pfeffer würzen.

▼

Radicchio halbieren, den Strunk entfernen, den Salat in feine Streifen schneiden und in lauwarmem Wasser waschen. Restliche Butter mit dem Zucker schmelzen. Mit dem übrigen Portwein und der restlichen Brühe ablöschen und auf die Hälfte einkochen lassen. Den angedrückten Knoblauch und den Radicchio dazugeben, salzen und bei schwacher Hitze etwa 2 Minuten garen. Die Orecchiette in Salzwasser bissfest garen, abgießen, abtropfen lassen und unter den Radicchio mischen. Die Hähnchenwürfel darauf anrichten.

Hähnchenkeulen
mit Schalotten

Zutaten für 2–4 Personen

4 Hähnchenkeulen
3 Knoblauchzehen
14 Schalotten
2 Karotten
3 EL Olivenöl
Meersalz · Pfeffer aus der Mühle
12 Cocktailtomaten
½ Bund Oregano
3 EL frisch geriebener Pecorino

Die Hähnchenkeulen waschen, trocken tupfen und im Gelenk teilen. Die Knoblauchzehen andrücken. Die Schalotten schälen und ganz lassen bzw. größere halbieren, sodass alle Schalotten ungefähr gleich groß sind. Die Karotten schälen, der Länge nach halbieren und schräg in Stücke schneiden, die etwa der Größe der Schalotten entsprechen.

Den Backofen auf 210 °C (Umluft) vorheizen. Den Grill dazuschalten. Knoblauch und Karotten mit dem Olivenöl, 1 guten Prise Meersalz sowie grob gemahlenem Pfeffer in den Bräter geben und gut mischen. Die Hähnchenkeulen mit der Hautseite nach oben auf das Gemüse legen. Hähnchen und Gemüse im Ofen 25 bis 30 Minuten garen.

Die Tomaten waschen und halbieren. Den Oregano waschen, trocken schütteln und die Blättchen abzupfen. Die Tomaten und den Oregano zu den Hähnchenkeulen geben und mischen. Mit dem Pecorino gleichmäßig bestreuen und weitere 5 Minuten im Ofen garen. Herausnehmen und sofort servieren.

Hähnchenkeulen
mit Ingwer und Joghurt

Zutaten für 2–4 Personen

3–4 Hähnchenkeulen
Salz · Pfeffer aus der Mühle
2 EL Olivenöl
2 Zwiebeln
200 ml Gemüsebrühe
2 Knoblauchzehen
1 kleines Stück Ingwer
350 g griechischer Joghurt
5 Stiele Zitronenmelisse

Die Hähnchenkeulen waschen, trocken tupfen, häuten und im Gelenk teilen. Mit Salz und Pfeffer würzen und im Bräter im Olivenöl von allen Seiten anbraten. Die Zwiebeln schälen und in Streifen schneiden. Zu den Hähnchenkeulen geben und mitbraten, bis sich Röststoffe am Topfboden bilden. Mit der Brühe ablöschen.

Den Backofen auf 190 °C vorheizen. Den Knoblauch und den Ingwer schälen, den Ingwer in Scheiben schneiden. Den Knoblauch andrücken und mit 3 bis 5 Ingwerscheiben und dem Joghurt zu den Hähnchenkeulen geben. Mit Salz würzen und zugedeckt im Ofen 35 Minuten schmoren. Die Hähnchenkeulen herausnehmen. Die Sauce mit dem Stabmixer fein pürieren, sodass sie sämig ist. Die Sauce erneut mit Salz und Pfeffer abschmecken und aufkochen.

Die Hähnchenkeulen auf eine Platte oder Teller geben und mit der Ingwer-Joghurt-Sauce übergießen. Die Zitronenmelisse waschen und trocken schütteln, die Blätter abzupfen, in Streifen schneiden und darüberstreuen. Zu Hähnchenkeulen passt Ciabatta-Brot.

Hähnchenbrustfilet
in Tomaten gegart

Zutaten für 2–4 Personen

6 Tomaten
1 Hähnchenbrustfilet (180 g)
Salz · Pfeffer aus der Mühle
2 Zweige Rosmarin
100 g Schafskäse (Feta)
1 EL Olivenöl

Die Tomaten kreuzweise einritzen, überbrühen, kalt abschrecken und häuten. Am Stielansatz mit einem scharfen Messer einen Deckel abschneiden und die Tomaten mit einem Löffel aushöhlen. Den Backofen auf 180 °C vorheizen.

Das Hähnchenbrustfilet waschen und trocken tupfen, in Würfel schneiden und mit Salz und Pfeffer würzen. Den Rosmarin waschen und trocken schütteln, die Nadeln abzupfen und hacken. Den Schafskäse in kleine Würfel schneiden.

Hähnchenfleisch, Rosmarin und Schafskäse mischen und in die ausgehöhlten Tomaten füllen. Den Tomatendeckel darauflegen und die Tomaten mit dem Olivenöl beträufeln. In eine Auflaufform setzen und im Ofen auf der mittleren Schiene etwa 8 Minuten garen.

Perlhuhnkeule
mit Rosmarinkartoffeln

Zutaten für 2–4 Personen

2 Perlhuhnkeulen (à 220 g)
3 Zweige Rosmarin
10 kleine Kartoffeln
3 Knoblauchzehen
Meersalz · Pfeffer aus der Mühle
3–4 EL Olivenöl

Die Perlhuhnkeulen waschen, trocken tupfen und im Gelenk teilen. Den Rosmarin waschen, trocken schütteln und einige Nadeln abzupfen. Die Kartoffeln gründlich waschen, abbürsten und halbieren. Den Knoblauch schälen und mit dem Messer zerdrücken. Den Backofen auf 200 °C vorheizen.

Die Perlhuhnkeulen, die Kartoffeln, die Rosmarinzweige und -nadeln und den Knoblauch auf ein Backblech geben, mit Meersalz und grob gemahlenem Pfeffer würzen und mit dem Olivenöl beträufeln. Das Fleisch und Gemüse im Ofen etwa 20 Minuten backen.

Die Perlhuhnkeulen mit den Rosmarinkartoffeln auf einer großen Platte anrichten. Dazu passt knuspriges Ciabatta-Brot.

Entenbrust im Rotwein-Kräuter-Sud
mit gebackenem Blumenkohl

Zutaten für 2 Personen

3 rote Zwiebeln
1 EL Butterschmalz
350 ml trockener Rotwein
200 ml Gemüsebrühe
1/3 Bund Thymian
1/3 Bund Rosmarin
Salz · 2 Lorbeerblätter
1 Zimtstange
1/2 TL Pfefferkörner
1 TL Wacholderbeeren
2 Entenbrustfilets (à 180 g)
Pfeffer aus der Mühle
1/2 Kopf Blumenkohl (nur die Röschen)
1 EL Butter

Die Zwiebeln schälen, halbieren und in breite Streifen schneiden. Das Butterschmalz in einem Topf erhitzen und die Zwiebeln darin andünsten. Mit dem Rotwein ablöschen, auf die Hälfte einkochen lassen und die Brühe dazugeben. Thymian und Rosmarin waschen und trocken schütteln. Den Sud salzen und Thymian, Rosmarin, Lorbeerblätter, Zimtstange, Pfefferkörner und die angedrückten Wacholderbeeren dazugeben.

Die Entenbrustfilets waschen und trocken tupfen. Vorsichtig mit einem Messer die Haut abziehen und in kleine Würfel schneiden. Die Entenbrustfilets salzen und pfeffern. Den Rotwein-Kräuter-Sud erneut aufkochen und die Entenbrustfilets hineinlegen. Den Topf von der Herdplatte nehmen und das Fleisch im Sud 7 bis 9 Minuten ziehen lassen bzw. pochieren.

Die Blumenkohlröschen waschen und gut abtropfen lassen. Die Butter erhitzen und den Blumenkohl darin leicht braun anbraten. Die Entenhaut dazugeben, mit Salz würzen und etwa 2 Minuten braten. Die Entenhaut soll knusprig sein und die Blumenkohlröschen von allen Seiten braun gebraten. Zum Schluss noch etwas Butter hinzufügen und einmal aufschäumen. Den Blumenkohl auf einem Teller mit Küchenpapier gut abtropfen lassen.

Zum Anrichten den Blumenkohl auf Teller verteilen. Die Entenbrust aus dem Sud nehmen, in dünne Scheiben schneiden und dekorativ neben dem Blumenkohl anrichten. Den Sud durch ein Sieb gießen. Die roten Zwiebeln auf die Teller verteilen und 1 bis 2 EL Kräutersud über die Entenbrust träufeln.

Die in diesem Rezept nicht verwendeten Blumenkohlstiele lassen sich z. B. für die Blumenkohlcreme von Seite 54 verwenden.

Entenbrust
mit Sesamkaramell und Ingwerkarotten

Zutaten für 2 Personen

4–5 junge Karotten
2 EL Erdnussöl
200 ml Gemüsebrühe
1 Knoblauchzehe
3 Scheiben Ingwer (geschält)
Salz · 1/2 TL Speisestärke
2 Entenbrustfilets (à 180 g; mit Haut)
Pfeffer aus der Mühle
3 EL Zucker
1 EL Sesamsamen
1/2 TL Chiliflocken
1/3 Bund Schnittlauch

Die Karotten schälen, längs halbieren oder vierteln und in 1 EL Erdnussöl andünsten. Die Brühe dazugießen. Den Knoblauch schälen, leicht andrücken und mit dem Ingwer zur Brühe geben. Die Karotten zugedeckt bei mittlerer Hitze 6 bis 8 Minuten bissfest garen, Knoblauch und Ingwer entfernen und die Karotten mit Salz würzen. Die Speisestärke mit wenig kaltem Wasser anrühren und unter die köchelnde Brühe rühren.

Den Backofen auf 110 °C (Umluft) vorheizen. Die Haut der Entenbrustfilets mit einem Messer kreuzweise einritzen. Mit Salz und Pfeffer würzen und in einer Pfanne in 1 EL Erdnussöl bei mittlerer Hitze auf beiden Seiten 1 bis 2 Minuten goldbraun anbraten. Die Pfanne beiseitestellen und die Filets mit der Hautseite nach oben auf einen ofenfesten Teller oder ein Backblech legen. Im Ofen 7 bis 12 Minuten rosa garen.

Den Zucker in einem kleinen Topf bei schwacher Hitze langsam goldgelb karamellisieren (siehe Tipp). Den Sesam und die Chiliflocken dazugeben und unter den Zucker rühren.

Die Pfanne mit dem Bratöl wieder erhitzen und die Entenbrustfilets darin auf beiden Seiten noch mal kurz braten. Wenn die Haut knusprig ist, die Filets herausnehmen und 1 bis 2 Minuten ruhen lassen.

Den Schnittlauch waschen, trocken schütteln, schräg in 3 cm lange Stücke schneiden und über die Ingwerkarotten streuen. Die Ingwerkarotten auf Teller oder Schüsseln verteilen. Die Entenbrustfilets in fingerdicke Scheiben schneiden und auf die Karotten setzen. Den heißen Sesamkaramell über die Entenbrustscheiben träufeln.

Wenn Sie den Zucker langsam karamellisieren, kann das bis zu 10 Minuten dauern. Er wird dann gleichmäßig braun und flüssig, und Sie brauchen ihn nicht mit zusätzlicher Flüssigkeit abzulöschen.

Gebackene Entenkeule
mit Apfel-Paprika-Gemüse

Zutaten für 2–4 Personen

2 große Entenkeulen (à 220 g)
Salz · Pfeffer aus der Mühle
1 EL Butterschmalz
2 Äpfel
je 1 rote und gelbe Paprikaschote
1 Bund Thymian · 1 Knoblauchzehe
1 EL Zucker · 1 Schuss Apfelsaft
200 ml Geflügelbrühe

Den Backofen auf 180 °C vorheizen. Die Entenkeulen waschen, trocken tupfen, mit Salz und Pfeffer würzen. In einem Bräter auf beiden Seiten im Butterschmalz kräftig anbraten. Mit der Hautseite nach oben im Ofen etwa 30 Minuten vorgaren.

▼

Die Äpfel schälen, vierteln und das Kerngehäuse entfernen, jedes Apfelviertel nochmals halbieren. Die Paprikaschoten längs halbieren, entkernen, waschen und in Streifen schneiden. Den Thymian waschen und trocken schütteln. Den Knoblauch schälen und mit dem Messer zerdrücken.

▼

Die Entenkeulen aus dem Bräter nehmen und beiseitestellen, das ausgetretene Fett abgießen. Den Zucker im Bräter karamellisieren und mit dem Apfelsaft ablöschen. Äpfel, Paprika, Thymianzweige, Knoblauch und Brühe dazugeben. Die Entenkeulen mit der Haut nach oben daraufsetzen und im Ofen etwa 20 Minuten fertig garen – die Flüssigkeit sollte fast eingekocht sein. Die Thymianzweige entfernen und die Entenkeulen im Bräter servieren. Dazu schmecken die Maisküchle von Seite 196.

Knusprige Entenbrust
mit Schokoladen-Chili-Sirup

Zutaten für 2 Personen

1 großes Barbarie-Entenbrustfilet (ca. 220 g)
Salz · Pfeffer aus der Mühle
1 EL Olivenöl
1 TL brauner Zucker
1 Schuss Rotwein · Aceto balsamico
50 ml Gemüsebrühe · 50 g Sahne
25 g Bitterschokolade (70 % Kakaoanteil)
1 kleine rote Chilischote

Das Entenbrustfilet waschen, trocken tupfen und die Haut kreuzweise einritzen. Das Fleisch auf beiden Seiten mit Salz und Pfeffer kräftig würzen und bei starker Hitze im Olivenöl auf der Hautseite scharf anbraten. Wenden und bei mittlerer Hitze auf der Fleischseite ebenfalls kräftig anbraten. Dann noch mal wenden und auf der Hautseite etwa 8 Minuten bei mittlerer Hitze braten, bis die Haut knusprig und das Fleisch innen rosa ist.

▼

Den Zucker in einem kleinen Topf karamellisieren, mit dem Rotwein ablöschen und etwas Essig dazugeben. Die Brühe und die Sahne dazugießen und aufkochen lassen. Die Schokolade dazugeben und bei mittlerer Hitze schmelzen. Die Chilischote längs halbieren, entkernen, waschen und in sehr kleine Würfel schneiden. Je nach gewünschtem Schärfegrad alle Chiliwürfel oder nur einen Teil davon in den Schokosirup geben.

▼

Vor dem Servieren das Entenbrustfilet in dünne Scheiben schneiden, auf Tellern anrichten und den Schoko-Chili-Sirup danebenträufeln.

Rosa gebratene Entenbrust
mit Rotweinschalotten und Sellerie-Kartoffel-Püree

Zutaten für 2 Personen

2 Entenbrustfilets (à 180 g; mit Haut)
Salz · Pfeffer aus der Mühle
100 g Knollensellerie
1 mehlig kochende Kartoffel
200 g Sahne
10 Schalotten
1 EL Öl
1 Knoblauchzehe
12 Zweige Thymian
100 ml Rotwein
100 ml Gemüsebrühe
2 EL kalte Butter
Schale von 1 unbehandelten Orange
1/2 TL Korianderkörner

Den Backofen auf 80 °C (Umluft) vorheizen. Die Entenbrustfilets waschen, trocken tupfen und mit Salz und Pfeffer würzen. In einer Pfanne auf der Hautseite kurz anbraten. In eine ofenfeste Form legen und im Ofen etwa 30 Minuten rosa garen.

▼

Inzwischen den Sellerie und die Kartoffel schälen und in kleine Würfel schneiden. Beides mit der Sahne in einen Topf geben und weich garen. Mit dem Stabmixer pürieren und mit Salz und Pfeffer würzen.

▼

Die Schalotten schälen und in Spalten schneiden. Das Öl in einer Pfanne erhitzen und die Schalottenspalten darin andünsten. Den Knoblauch schälen und dazugeben. Den Thymian waschen und trocken schütteln.

4 Zweige Thymian, den Rotwein und die Brühe zu den Schalotten geben und die Flüssigkeit einkochen lassen. Zum Schluss 1 EL kalte Butter unterrühren.

▼

Die Entenbrustfilets aus dem Ofen nehmen. Die restliche Butter in einer Pfanne erhitzen, den übrigen Thymian, die Orangenschale und die Korianderkörner hinzufügen. Die Entenbrustfilets darin auf der Hautseite 2 Minuten knusprig braten.

▼

Das Sellerie-Kartoffel-Püree auf Teller verteilen, die Entenbrustfilets in Scheiben schneiden und darauf anrichten. Die Schalottenspalten aus der Sauce nehmen und dazu anrichten. Die Rotweinsauce darüberträufeln.

 Tipp

Man kann auch gebratene Steinpilze hinzugeben, die dem Ganzen ein herrliches Aroma geben und das Gericht außerdem noch veredeln.

Glasierter Kaninchenrücken
mit Sellerie-Cashew-Gemüse

Zutaten für 4 Personen

4 Kaninchenrückenfilets (à 80 g)
Salz · Pfeffer aus der Mühle
4 EL Olivenöl
1 Schalotte
1 EL Butter · 1 TL Zucker
100 ml Apfelsaft · 4 EL Aceto balsamico
1 Schuss Fleischbrühe · 1 Schuss Rotwein
$\frac{1}{2}$ kleine Sellerieknolle
4 EL Cashewkerne
1 Orange · 2 EL Parmesanspäne

Die Kaninchenrückenfilets waschen, trocken tupfen und mit Salz und Pfeffer würzen. In einer Pfanne 1 EL Olivenöl erhitzen. Die Kaninchenfilets darin rundum scharf anbraten und auf einem Teller beiseitestellen.

Die Schalotte schälen, in kleine Würfel schneiden und im verbliebenen Bratöl der Kaninchenfilets mit der Butter und dem Zucker andünsten. Mit dem Apfelsaft ablöschen. Den Essig, die Brühe und den Rotwein dazugeben. Mit Pfeffer würzen und die Flüssigkeit auf etwa die Hälfte einkochen lassen.

Den Sellerie putzen, schälen und 1 cm große Würfel oder Rauten schneiden. Den Sellerie im restlichen Olivenöl bei mittlerer Hitze langsam knusprig braten, mit Salz und Pfeffer würzen. Die Cashewkerne dazugeben

und mitrösten. Die Selleriewürfel und Cashewkerne auf Küchenpapier abtropfen lassen und nochmals mit Salz und Pfeffer abschmecken.

Die Kaninchenrückenfilets in die Apfel-Balsamico-Glasur geben und 3 bis 4 Minuten garen, dabei immer wieder wenden. Mit Salz und Pfeffer abschmecken.

Die Orange so schälen, dass die weiße Haut mit entfernt wird, und die Fruchtfilets herauslösen. Das Sellerie-Cashew-Gemüse in die Mitte der Teller geben und mit den Orangenfilets garnieren. Die Kaninchenfilets mit der Apfel-Balsamico-Glasur daneben anrichten und die Parmesanspäne darüberstreuen.

 **Tipp**

Die Apfel-Balsamico-Glasur sollte nach dem Garen mit dem Kaninchenfilet eine dickliche Sirupkonsistenz haben.

Kaninchenrücken

mit Barolozwiebeln, Bohnenpüree und Olivencrostini

Zutaten für 2 Personen

6 rote Zwiebeln
4 Kaninchenrückenfilets (à 80 g)
Salz · Pfeffer aus der Mühle
½ EL Butterschmalz
300 ml Barolo-Rotwein
ca. 220 ml Gemüsebrühe
4 Zweige Thymian
180 g weiße Bohnen (aus der Dose)
1 EL Crème fraîche
8 Scheiben Ciabatta-Brot
Olivenöl
1 EL Olivenpaste
1 ½ EL kalte Butter

Die Zwiebeln schälen und in kleine Würfel schneiden bzw. hacken. Die Kaninchenfilets mit Salz und Pfeffer würzen und in einer Pfanne im Butterschmalz rundum anbraten und herausnehmen. Die Zwiebeln in die Pfanne geben und andünsten, mit dem Rotwein und 200 ml Brühe ablöschen. Den Thymian waschen, trocken schütteln und dazugeben. Mit Salz würzen und alles etwas einköcheln lassen. Die Kaninchenfilets in den Sud geben und zugedeckt etwa 6 Minuten saftig garen – falls nötig, einmal wenden.

▼

Die Bohnen kurz unter lauwarmem Wasser abspülen und abtropfen lassen. Mit 1 Schuss Brühe und der Crème fraîche in einem Topf erwärmen und mit dem Stabmixer pürieren. Das Bohnenpüree mit Salz und Pfeffer abschmecken.

Die Ciabatta-Scheiben in einer Pfanne portionsweise in etwas Olivenöl auf beiden Seiten anbraten. Auf Küchenpapier abtropfen lassen und kurz vor dem Servieren mit der Olivenpaste bestreichen.

▼

Die Kaninchenfilets aus dem Sud nehmen und auf einem Teller im Ofen bei 70 °C warm halten.

▼

Den Barolo-Zwiebel-Sud in der Pfanne bei starker Hitze einkochen lassen, bis der Rotwein fast völlig verdampft ist. Die Pfanne vom Herd nehmen, den Thymian entfernen und die Butter in Flocken mit einem Löffel unterrühren. Zum Anrichten das heiße Bohnenpüree in die Mitte der Teller geben, jeweils 2 Kaninchenrückenfilets darauflegen, die Barolozwiebeln auf das Kaninchen geben und mit den knusprigen Olivencrostini servieren.

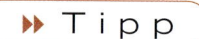

▶▶ T i p p

Auf diese Weise kann man nicht nur Kaninchenrücken zubereiten. Auch Rinder-, Hasen-, Reh- oder Wildschweinfilet ist ein Hochgenuss, wenn man es anbrät und im Barolo-Zwiebel-Sud gart.

Kaninchenkeulen
mit Bohnen-Birnen-Gemüse

Zutaten für 4 Personen

4 Kaninchenkeulen
10 Schalotten
4 Tomaten
1 kleine rote Chilischote
2 Knoblauchzehen
2 Zweige Rosmarin
Salz · Pfeffer aus der Mühle
4 EL Olivenöl
400 ml Weißwein
200 ml Gemüsebrühe
250 g grüne Bohnen
1 ½ Birnen
1 EL Butter
½ Bund Bohnenkraut

Den Backofen auf 180 °C (Umluft) vorheizen. Die Kaninchenkeulen waschen und trocken tupfen. Die Schalotten schälen und vierteln. Die Tomaten waschen, vierteln und den Stielansatz herausschneiden. Die Chilischote putzen und waschen. Den ungeschälten Knoblauch andrücken. Den Rosmarin waschen und trocken schütteln.

Die Kaninchenkeulen mit Salz und Pfeffer würzen. In einem Bräter 1 EL Olivenöl erhitzen und die Keulen darin rundum anbraten. Die Schalotten dazugeben und alles mit 300 ml Weißwein ablöschen. Die Tomaten, die Chilischote, den Knoblauch und die Rosmarinzweige hinzufügen. Die Brühe angießen. Die Keulen im Ofen zunächst 15 Minuten garen. Dann die Backofentemperatur auf 120 °C herunterschalten und die Keulen etwa 40 Minuten weitergaren.

Die Bohnen putzen, waschen, halbieren und in Salzwasser bissfest blanchieren. In ein Sieb abgießen, kalt abschrecken und abtropfen lassen. Die Birnen nach Belieben schälen oder waschen, die Kerngehäuse entfernen und die Birnen in Spalten schneiden. Die Birnenspalten in der Butter dünsten und den restlichen Weißwein dazugießen. Das Bohnenkraut waschen und trocken schütteln, die Blätter abzupfen, fein hacken und hinzufügen. Mit Pfeffer würzen.

Die Bohnen dazugeben und kurz durchschwenken. Das Bohnen-Birnen-Gemüse ohne Flüssigkeit auf Teller verteilen und die Kaninchenkeulen darauf anrichten. Die Kaninchenschmorsauce durch ein feines Sieb streichen, 2 bis 3 EL Olivenöl hinzufügen und mit dem Stabmixer aufmixen. Die Sauce über das Kaninchen und das Bohnen-Birnen-Gemüse geben.

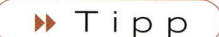

▶▶ T i p p

Zur Abwechslung können Sie auch einmal rosa gebratenen Lammrücken oder geschmortes Lamm oder Rind zu dem Bohnen-Birnen-Gemüse servieren.

Gebratener Rehrücken
mit Pfirsich und Lavendelschaum

Zutaten für 2 Personen

300 g Rehrücken (ausgelöst)
Salz · Pfeffer aus der Mühle
80 g Butter
1 Zimtstange
2 EL Nussöl
2 Pfirsiche
1 Schalotte
abgeriebene Schale von 1 unbehandelten Zitrone
200 ml Milch
1/2 TL Lavendelblüten

Den Backofen auf 80 °C (Umluft) vorheizen. Den Rehrücken von Sehnen befreien, waschen und trocken tupfen. Mit Salz und Pfeffer würzen und in 2 Scheiben schneiden. In einer Pfanne 50 g Butter erhitzen und einmal aufschäumen lassen (Vorsicht, sie verbrennt leicht). Die Zimtstange hinzufügen und das Fleisch in der Zimtbutter rundum anbraten. Das angebratene Rehfleisch auf einen ofenfesten Teller geben, gleichmäßig mit dem Nussöl beträufeln und im Ofen etwa 15 Minuten rosa garen.

Inzwischen die Pfirsiche waschen, entsteinen und in Spalten schneiden. Die Schalotte schälen und in kleine Würfel schneiden. Die restliche Butter in einer beschichteten Pfanne erhitzen und die Pfirsichspalten darin mit der Schalotte und der Zitronenschale bei schwacher Hitze anbraten. Den Deckel auflegen und die Pfirsiche 3 bis 5 Minuten weich schmoren.

Die Milch mit 1 Prise Salz und den Lavendelblüten in einem Topf zum Kochen bringen und die Mischung 5 Minuten ziehen lassen. Dann die Milch durch ein Sieb gießen und mit dem Stabmixer aufschäumen. Die geschmorten Pfirsiche auf Teller verteilen, den Rehrücken aufschneiden und auf die Pfirsiche setzen. Mit dem Lavendelschaum garniert servieren.

> ## ▶▶ T i p p

Lavendel hat ein großartiges Aroma, vorausgesetzt, er wird vorsichtig dosiert. Erwischt man zuviel von den Blüten, kann das Ergebnis leicht an Badewasser erinnern! Deshalb zunächst lieber etwas weniger Lavendel nehmen und eventuell später noch ein paar Blüten hinzufügen. Lavendel passt übrigens auch sehr gut zu hellem Geflügel, Entenbrust oder Kalbfleisch.

Hirschrücken
mit Kürbis und Kakaobröseln

Zutaten für 2 Personen

350 g Hirschrücken (ausgelöst)
Salz · Pfeffer aus der Mühle
2 EL Butterschmalz
1 rote Chilischote
200 g Muskatkürbis-Fruchtfleisch
1 Knoblauchzehe
100 g Butter
1 Zimtstange
abgeriebene Schale von 1 unbehandelten Orange
1 Zweig Thymian
40 g gehackte Kakaobohnen
(aus dem Schokoladenladen)
2 EL Semmelbrösel
Ras-el-Hanout (marok. Gewürzmischung)

Den Hirschrücken von Sehnen befreien, waschen und trocken tupfen, mit Salz und Pfeffer würzen. Das Butterschmalz in einer Pfanne erhitzen und den Hirschrücken darin bei schwacher Hitze rundum anbraten.

▼

Die Chilischote längs halbieren, entkernen, waschen und in feine Streifen schneiden. Das Kürbisfruchtfleisch in große Würfel schneiden. Den Knoblauch schälen und in kleine Würfel schneiden. 50 g Butter und die Kürbiswürfel zum Hirschrücken geben, Zimtstange, Orangenschale, Knoblauch, Chili und Thymian hinzufügen. Mit Salz und Pfeffer würzen und 10 Minuten mitgaren.

Das Fleisch aus der Pfanne nehmen, auf einen Teller legen und ruhen lassen. Das Gemüse weitergaren, bis es weich ist. Falls nötig, noch etwas Gemüsebrühe angießen.

▼

Die restliche Butter in einer Pfanne erhitzen und aufschäumen lassen (Vorsicht, sie verbrennt leicht). Die gehackten Kakaobohnen in die Butter geben, die Semmelbrösel hinzufügen und beides gut untermischen. Mit Salz und Ras-el-Hanout abschmecken.

▼

Das Kürbisgemüse auf Tellern anrichten, den Hirschrücken in Scheiben schneiden und daraufgeben. Mit den Kakaobröseln garniert servieren.

 **Tipp**

Kakao verbindet man vor allem mit der süßen Küche. Doch gerade Kakaobohnen schmecken herzhaft und aromatisch mit einer leicht bitteren Note. Diese Kombination aus Kakaobröseln und Ras-el-Hanout ist ein Geheimtipp, um den Geschmack von Wildgerichten oder gebratenem Rind zu unterstreichen.

Beilagen

Kartoffelfächer
mit Rosmarin und Knoblauch

Zutaten für 2 Personen

4 mittelgroße festkochende Kartoffeln
2 Zweige Rosmarin
2 Knoblauchzehen
Meersalz

Die Kartoffeln schälen, auf einen Löffel legen und mit einem langen, dünnen, scharfen Messer die Kartoffeln zu vier Fünfteln einschneiden, d.h., 3 mm dünne Scheiben so weit herunterschneiden, bis die Klinge den Löffel berührt. So werden die Kartoffeln nicht ganz durchgeschnitten und bleiben wie ein Fächer zusammen.

▼

Den Backofen auf 180 °C vorheizen. Den Rosmarin waschen, trocken schütteln und die Nadeln abzupfen. Die Knoblauchzehen schälen und in dünne Scheiben schneiden. Jeweils 1 bis 2 Rosmarinnadeln und die Knoblauchscheiben zwischen die einzelnen Kartoffelscheiben stecken. Mit etwas Meersalz bestreuen und im Ofen etwa 18 Minuten backen.

▼

Die Temperatur auf 150 °C herunterschalten und die Kartoffeln weitere 6 Minuten garen. Oder auf dem Holzkohlengrill 15 bis 20 Minuten grillen.

Kartoffeln
in Meersalz gebacken

Zutaten für 2–6 Personen

10 mittelgroße festkochende Kartoffeln
4 Eiweiß
3 kg ungereinigtes Meersalz
1/2 Bund Rosmarin

Die Kartoffeln gründlich waschen. Die Eiweiße cremig schlagen und mit einem kleinen Schuss Wasser unter das Meersalz rühren.

▼

Den Backofen auf 200 °C vorheizen. Ein Backblech mit Backpapier auslegen. Die Hälfte des Meersalzes auf dem Papier verteilen und die Kartoffeln in die Mitte der Salzmasse setzen.

▼

Den Rosmarin waschen, trocken schütteln und auf die Kartoffeln geben. Mit dem restlichen Meersalz vollständig bedecken, sodass weder die Kartoffeln noch der Rosmarin zu sehen sind, und im Ofen 75 Minuten backen. Die Temperatur auf 60 °C herunterschalten und die Kartoffeln weitere 50 Minuten garen. Die feste Meersalzkruste mit einem Messer abnehmen.

Bratkartoffelsalat
mit Zitronenvinaigrette

Zutaten für 2 Personen

2 Schalotten · 2 Scheiben durchwachsener Speck
½ Salatgurke · Saft von 1 Zitrone
Salz · Pfeffer aus der Mühle
3 EL Traubenkern- oder Sonnenblumenöl
4 festkochende Kartoffeln · 4 EL Butterschmalz
1 EL Schnittlauchröllchen
1 Stück frischer Meerrettich

Die Schalotten schälen, halbieren und in feine Scheiben schneiden. Den Speck in Streifen schneiden. Die
Gurke schälen, mit einem Löffel die Kerne herauskratzen und das Fruchtfleisch in Würfel schneiden.

Den Zitronensaft mit Salz, Pfeffer und dem Öl in ein
kleines Schraubglas geben. Das Glas gut verschließen und kräftig schütteln.

Die Kartoffeln schälen und in gleich große Würfel
schneiden. In einer Pfanne 3 EL Butterschmalz erhitzen und die Kartoffelwürfel darin braten, bis sie außen
knusprig braun und innen saftig weich sind. Die Kartoffelwürfel auf Küchenpapier abtropfen lassen.

Die Schalotten und den Speck im restlichen Butterschmalz andünsten. Die gebratenen Kartoffeln und
die Gurkenwürfel dazugeben, erwärmen und mit Salz
und Pfeffer würzen. Den Schnittlauch untermischen
und etwas Meerrettich darüberreiben. Den Bratkartoffelsalat auf Teller verteilen und mit der Zitronen-
vinaigrette beträufeln. Der Bratkartoffelsalat passt
z. B. um glasig gegarten Saibling von Seite 130.

Maisküchle
mit Cornflakes

Zutaten für 2 Personen

250 g Maiskörner (aus der Dose)
1 Schuss Milch
Salz · Pfeffer aus der Mühle
6 EL Cornflakes
3 EL Mehl
1 EL Speisestärke · 1 Ei
1 EL Butterschmalz

Die Maiskörner in ein Sieb abgießen, abtropfen lassen
und grob hacken. Die Milch aufkochen, mit Salz und
Pfeffer würzen und über die Cornflakes gießen.

Das Mehl, die Speisestärke, das Ei und die gehackten
Maiskörner mit den feuchten Cornflakes mischen und
mit Salz und Pfeffer würzen. Das Butterschmalz in
einer Pfanne erhitzen. Von der Maismasse mit einem
Löffel kleine Portionen abstechen, flach drücken und
im Butterschmalz bei mittlerer Hitze auf beiden Seiten langsam braten. Die Maisküchle passen z. B. zur
gebackenen Entenkeule von Seite 182.

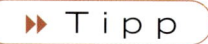

*Maisküchle machen sich auch gut zum
Brunch oder Frühstück. Einfach noch
etwas gebratenen Speck und Spiegelei
dazu servieren. That's the American
way of life!*

Kartoffelkörbchen
mit Kräuterspinat

Zutaten für 2 Personen

4 Kartoffeln · Öl zum Frittieren
1/2 Schale Brennnesseln · 1/2 Bund Petersilie
2 Zweige Rosmarin · 1/2 Bund Basilikum
4 Zweige Thymian · 1 Knoblauchzehe · 1 Schalotte
1 EL Olivenöl · Salz · Pfeffer aus der Mühle

Die Kartoffeln waschen und schälen. Jede Kartoffel mit dem Sparschäler ringsum gleichmäßig abschälen, ohne dass dabei die Schale abreißt, bis eine etwa 5 cm große, flache Kartoffelscheibe sowie ein etwa 40 cm langes Kartoffelband entstanden sind.

In den Rand der Kartoffelscheiben ringsum jeweils 7 Zahnstocher leicht nach außen geneigt stecken. Das Kartoffelband um die Zahnstocher flechten, sodass ein Körbchen entsteht. Das Öl in einem Topf erhitzen und die Kartoffelkörbchen darin schwimmend knusprig frittieren. Auf Küchenpapier abtropfen lassen.

Die Kräuter waschen, trocken schütteln und die Blätter bzw. Nadeln abzupfen. Den Knoblauch schälen und in feine Scheiben schneiden. Die Schalotte schälen und in kleine Würfel schneiden. Die Schalotte und den Knoblauch im Olivenöl andünsten. Die Kräuter hinzufügen, salzen und pfeffern und unter Rühren zusammenfallen lassen. Die gedünsteten Kräuter in die Kartoffelkörbchen füllen und sofort servieren.

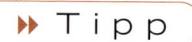
▸▸ Tipp

Die Kräuterfüllung schmeckt auch ohne Brennnesseln, falls Sie keine bekommen.

Gebackene Wan-Tans
mit Kartoffelfüllung

Zutaten für 2 Personen

1 Kartoffel · Salz
1 Zweig Thymian · 1 Ei
1 TL Sesamsamen · Pfeffer aus der Mühle
8 Wan-Tan-Teigblätter (tiefgekühlt)
Öl zum Frittieren

Die Kartoffel schälen, in Salzwasser garen, abgießen und etwas auskühlen lassen. Den Thymian waschen und trocken schütteln, die Blättchen abzupfen und fein hacken. Die Kartoffel pellen, durch die Kartoffelpresse drücken und auskühlen lassen.

Das Ei trennen. Das Eigelb mit dem Sesam unter die Kartoffelmasse mischen, die Masse mit Salz und Pfeffer kräftig abschmecken.

Die Wan-Tan-Blätter auf der Arbeitsfläche auslegen und auftauen lassen. Jeweils in die Mitte der Teigblätter 1 TL Kartoffelmasse setzen und die Teigränder mit verquirltem Eiweiß bestreichen. Runde Teigblätter in der Mitte zusammenklappen und die Ränder mit einer Gabel festdrücken. Bei eckigen Wan-Tans die vier Teigecken nach oben ziehen und zusammendrücken, sodass kleine Beutel entstehen.

Das Frittieröl in einem Topf erhitzen (es ist heiß genug, wenn an einem Holzlöffelstiel, den man hineinhält, kleine Bläschen aufsteigen) und die Wan-Tans darin knusprig frittieren. Auf Küchenpapier abtropfen lassen und heiß servieren. Die Wan-Tans schmecken nicht nur als Beilage, sondern auch im oder zu Salat.

Eingelegter Chicorée
mit Orange und Thymian

Zutaten für 2 Personen

1 Zwiebel · 1 Knoblauchzehe
1 unbehandelte Orange
3 Stauden Chicorée
1/2 Bund Thymian
1 TL Butter
400 ml Weißwein
300 ml Gemüsebrühe
Salz · Zucker

Die Zwiebel und den Knoblauch schälen, die Zwiebel in große Würfel schneiden. Die Orange unter lauwarmem Wasser gut waschen und halbieren. Den Chicorée putzen und die äußeren Blätter entfernen. Den Thymian waschen und trocken schütteln.

Die Butter in einem Topf erhitzen, die Zwiebel darin andünsten und mit dem Weißwein ablöschen. Brühe, angedrückte Knoblauchzehe, Orange, Thymian, Salz und 1 Prise Zucker hinzufügen und aufkochen. Den Chicorée dazugeben und mit einem kleinen Teller beschweren, sodass der Chicorée mit Sud bedeckt ist. Bei mittlerer Hitze etwa 20 Minuten weich köcheln.

▸▸ Tipp

Der eingelegte Chicorée ist eine ideale Beilage zu einem Festtagsmenü, da er sich sehr gut vorbereiten lässt. Man kann ihn luftdicht verschlossen 2 Tage im Kühlschrank ziehen lassen und muss ihn dann nur noch erwärmen. Dabei verliert er auch seine Bitterstoffe.

Saures Wurzelgemüse
mit Schalotten

Zutaten für 2 Personen

4 Schalotten
1 Karotte
3 Kartoffeln
1/4 Lauchstange
1/8 Sellerieknolle
1/2 EL Butter
Zucker
200 ml Gemüsebrühe
Salz · Pfeffer aus der Mühle
2 EL Weißweinessig

Die Schalotten schälen und der Länge nach halbieren. Die Karotte schälen und in Scheiben schneiden. Die Kartoffeln schälen und klein schneiden. Den Lauch putzen, in Ringe schneiden und gründlich waschen. Den Sellerie schälen und in ebenso große Scheiben wie die Karotten schneiden.

Die Butter in einem Topf erhitzen und das Gemüse darin andünsten. 1 Prise Zucker dazugeben und leicht karamellisieren. Die Brühe hinzufügen, mit Salz würzen und alles zugedeckt bei mittlerer Hitze 8 Minuten dünsten, bis die Brühe vollständig eingekocht und das Gemüse bissfest gegart ist. Falls nötig, noch etwas Brühe dazugießen. Mit Salz, etwas Pfeffer und dem Essig abschmecken.

Pfefferaprikosen
mit Marmelade

Zutaten für 4–6 Personen

200 ml Gemüsebrühe · 2 EL Aprikosenkonfitüre
30 getrocknete Aprikosen · Pfeffer aus der Mühle

Die Brühe in einem Topf aufkochen. Die Aprikosenkonfitüre unterrühren und die Mischung etwas einköcheln lassen. Die getrockneten Aprikosen dazugeben
und mit reichlich Pfeffer würzen. Erneut aufkochen
und warm servieren.

Safrangurken
mit Thymian

Zutaten für 2–4 Personen

1 Salatgurke · 2 Schalotten · 4 Thymianzweige
100 ml Weißwein · 40 ml Weißweinessig
200 ml Gemüsebrühe
1/2 Päckchen Safranfäden
1 Scheibe Wammerl · Salz

Die Gurke schälen und in etwa 1 cm dicke Scheiben
schneiden. Die Schalotten schälen und in kleine Würfel schneiden. Den Thymian waschen und trocken
schütteln. Die Gurkenscheiben mit Weißwein, Essig,
Brühe, Schalotten, Safran, Wammerl und Thymian
einmal aufkochen und 5 Minuten ziehen lassen. Die
Safrangurken mit etwas Salz würzen und noch heiß
in Einmachgläser füllen, gut verschließen und 15 bis
20 Minuten einkochen. Die Safrangurken im Kühlschrank oder Keller aufbewahren.

Brokkoli
mit Pfefferkaramell

Zutaten für 4–6 Personen

2 Köpfe Brokkoli
Salz
4 EL Zucker
1 EL Rotweinessig
2 EL Rotwein
2 EL gehackte Mandeln
Pfeffer aus der Mühle

Die Brokkoliköpfe in Röschen zerteilen, waschen und
in Salzwasser etwa 3 Minuten bissfest kochen. Den
Zucker mit dem Essig und dem Rotwein aufkochen
und so lange einköcheln lassen, bis die Masse Blasen
wirft. Die gehackten Mandeln hinzufügen und den Karamell mit Pfeffer würzen.

Den Brokkoli aus dem Kochsud nehmen, auf Küchenpapier kurz abtropfen lassen, auf eine Platte oder
einen tiefen Teller geben, mit dem heißen Pfefferkaramell beträufeln und sofort servieren.

▸▸ Tipp

*Der Brokkoli mit Pfefferkaramell passt
wunderbar zu Kalb- und Rindfleisch.*

Blätterteigtaschen
mit Spinat

Zutaten für 4–6 Personen

3 Platten Blätterteig (tiefgekühlt)
Mehl zum Ausrollen
150 g Blattspinat
Salz
2 Eigelb
2 TL Sesamsamen

Den Backofen auf 200 °C vorheizen. Die Blätterteigplatten auf der mit Mehl bestäubten Arbeitsfläche auslegen und kurz auftauen lassen. Den Teig mit dem Nudelholz etwa auf die doppelte Größe ausrollen und mit einem Ausstecher (ca. 8 cm Durchmesser) Kreise ausstechen.

Den Blattspinat putzen, gründlich waschen und in kochendem Salzwasser blanchieren. Dann kalt abschrecken, gut ausdrücken und hacken, falls nötig, mit etwas Salz abschmecken.

Die Eigelbe verquirlen und den Rand der Blätterteigkreise damit bestreichen. Jeweils 1 EL Spinat in die Mitte der Teigkreise geben und die Kreise wie Ravioli in der Mitte zusammenschlagen, dabei die Ränder gut festdrücken. Die Oberfläche wiederum mit Eigelb bestreichen und mit Sesam großzügig bestreuen.

Die Blätterteigtaschen auf ein mit Backpapier ausgelegtes Backblech setzen und im Ofen etwa 10 Minuten goldbraun backen.

Parmesancracker
mit Thymian

Zutaten für 2–4 Personen

5 EL frisch geriebener Parmesan
1 1/2 EL Semmelbrösel
1 Zweig Thymian
Pfeffer aus der Mühle

Den Parmesan mit den Semmelbröseln mischen. Den Thymian waschen, trocken schütteln und die Blättchen abzupfen. Unter die Parmesanmischung rühren und mit grob gemahlenem Pfeffer würzen.

Eine große beschichtete Pfanne erhitzen, die Parmesanmasse hineinstreuen und bei mittlerer Hitze 1 bis 2 Minuten schmelzen lassen, bis sich der Käse mit den Semmelbröseln verbunden hat. Den Käsecracker vorsichtig mit einer Palette wenden und auf der anderen Seite 40 Sekunden goldbraun rösten. Den Cracker aus der Pfanne nehmen, kurz abkühlen lassen und zum Servieren in Stücke brechen.

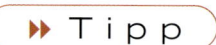

▸▸ Tipp

Parmesancracker schmecken hervorragend als Knabbergebäck zu Rotwein.

Drachenfüßler
aus Bratwürsten

Zutaten für 2 Personen

3 vorwiegend festkochende Kartoffeln · Salz
100 ml heiße Milch
4 EL gekochtes Sauerkraut
6 Bratwürste
1/2 EL Butterschmalz
2 Schnittlauchhalme
Senf · 1 Apfel

Die Kartoffeln schälen und in Salzwasser garen. Abgießen, kurz ausdampfen lassen, durch die Kartoffelpresse drücken und mit der heißen Milch und etwas Salz zu einem cremigen Püree verrühren.

▼

Das Sauerkraut aufkochen, nach Belieben etwas Apfelsaft dazugeben. Die Enden der Bratwürste mit einem spitzen Messer kreuzweise einschneiden, sodass sie sich beim Braten leicht aufrollen und wie Krallen aussehen. Die Bratwürste im Butterschmalz 4 bis 5 Minuten braun braten und auf einer länglichen Platte parallel hintereinander anordnen. Aus der Mitte einer Wurst zwei dünne Scheiben herausschneiden und beiseitelegen.

▼

Das Kraut zwischen den Bratwürsten verteilen. Für den Körper des Drachenfüßlers das Kartoffelpüree in einen Spritzbeutel füllen und längs auf den Bratwürsten verteilen. Für den Kopf etwas mehr Püree auftragen. Die beiseitegelegten Wurstscheiben als Augen und zwei Schnittlauchhalme als Fühler in das Püree stecken. Mit Senf einen Mund malen. Den Apfel waschen, in dünne Spalten schneiden und wie Rückenflossen der Länge nach in das Kartoffelpüree stecken.

Pommes-Schatzkiste
mit Gemüsetalern

Zutaten für 2 Personen

2 große vorwiegend festkochende Kartoffeln
Butterschmalz zum Frittieren
Salz · 1 Karotte
1 Zucchino
150 g Naturjoghurt
Saft von 1 Zitrone
1/4 Kopf Eisbergsalat

Die Kartoffeln schälen und jeweils zu einem Rechteck schneiden. Einen etwa 1/2 cm dicken Deckel abschneiden. Das Innere der Kartoffeln mit einem Kugelausstecher aushöhlen, sodass noch 1/2 cm dicke Seitenwände und der Boden übrig bleiben.

▼

Den Backofen auf 170 °C vorheizen. Die Kartoffeltruhen und -deckel im Butterschmalz 2 bis 3 Minuten kross frittieren. Auf Küchenpapier gut abtropfen lassen und sofort mit etwas Salz würzen. Im Ofen 5 bis 7 Minuten fertig garen.

▼

Die Karotte schälen, den Zucchino putzen und waschen, beides in 3 bis 4 mm dicke Scheiben schneiden. Mit einer Lochtülle aus Metall Taler ausstechen bzw. -stanzen. Die Gemüsetaler in kochendem Salzwasser kurz blanchieren und in ein Sieb abgießen.

▼

Den Joghurt mit Zitronensaft und Salz mit dem Stabmixer schaumig aufmixen. Den Eisbergsalat in Streifen schneiden, waschen und trocken tupfen. Auf Teller verteilen und das Dressing darüberträufeln. Die Pommes-Schatztruhe daraufsetzen, mit den Gemüsetalern füllen und den Deckel darauflegen.

Pilzgratin
mit klarem Tomatensud

Zutaten für 2 Personen

4 reife Tomaten
1/2 Knoblauchzehe
8 Zweige Thymian
150 ml Gemüsebrühe
Salz · Pfeffer aus der Mühle
400 g gemischte Pilze (z. B. Egerlinge,
Champignons, Pfifferlinge, Austernpilze)
1 EL Butterschmalz
4 Scheiben Toastbrot
1 EL Butter
4 Stiele Petersilie
150 g Ricotta
2 Eigelb
1 EL frisch geriebener Parmesan

Die Tomaten waschen, halbieren, den Stielansatz herausschneiden und die Tomaten in Würfel schneiden. Knoblauch schälen, Thymian waschen und trocken schütteln, die Blätter abzupfen. Die Tomaten mit dem Knoblauch, dem Thymian, der Brühe, Salz und Pfeffer mit dem Stabmixer pürieren. Die Masse in einen Topf geben und einmal kräftig aufkochen. Ein Sieb mit einem feinen Tuch auslegen und die Suppe in das Sieb gießen. Den so geklärten weißen Tomatensaft eventuell mit 1 Prise Salz abschmecken.

Die Pilze putzen, trocken abreiben und je nach Größe vierteln bzw. sechsteln. Das Butterschmalz in einer großen Pfanne erhitzen, die Pilze darin bei mittlerer Hitze braten und mit Salz würzen. Die gebratenen Pilze in eine Schüssel geben und abkühlen lassen.

Das Toastbrot entrinden und in Würfel schneiden. Die Butter in einer Pfanne erhitzen und die Brotwürfel darin rundum goldbraun braten. Auf einem Teller mit Küchenpapier abtropfen lassen.

Den Backofen auf 180 °C (Umluft) mit Grillfunktion vorheizen. Die Petersilie waschen und trocken schütteln, die Blätter abzupfen und hacken. Die abgekühlten Pilze mit der Petersilie, dem Ricotta, den Eigelben und den Croûtons mischen, mit etwas Salz und Pfeffer würzen. Diese Mischung auf zwei Auflaufförmchen verteilen oder zwei Ausstechringe (ca. 8 cm Durchmesser) damit füllen. Großzügig mit Parmesan bestreuen und im Ofen 8 bis 12 Minuten gratinieren.

In der Zwischenzeit den Tomatensud erneut aufkochen. Das Gratin in den Förmchen servieren oder in tiefe Teller oder Schalen stürzen bzw. setzen und die Ausstechringe vorsichtig abziehen. Den Tomatensud angießen oder separat dazu servieren.

▸▸ T i p p

Am besten verwenden Sie die jeweiligen Pilze der Saison: Morcheln und Champignons im Frühling, Pfifferlinge im Sommer, Steinpilze im Herbst und Egerlinge mit Speck im Winter.

Desserts & Gebäck

Vanille-Curry-Sabayon
mit Mangorösti

Zutaten für 2 Personen

1 Vanilleschote · 100 ml Orangensaft
4 EL Weißwein · 50 g Zucker · 3 Eigelb
1/2 TL Currypulver · 1/2 Mango
1 EL Honig · 2 EL Grieß
2 EL Butterschmalz

Die Vanilleschote längs aufschneiden und das Mark herauskratzen. Das Vanillemark mit dem Orangensaft, Weißwein, Zucker, 2 Eigelben und Currypulver im heißen Wasserbad dickschaumig aufschlagen. Eine kleine Auflaufform oder flache Schale mit Frischhaltefolie auslegen und die Schaummasse einfüllen. Das Sabayon im Tiefkühlfach etwa 2 Stunden anfrieren lassen.

▼

Die Mango schälen, das Fruchtfleisch in breiten Streifen vom Stein schneiden und grob raspeln. Den Honig, das restliche Eigelb und den Grieß verrühren und die Mangoraspel untermischen. Aus der Mangomasse Taler formen und in einer Pfanne im Butterschmalz auf beiden Seiten goldgelb braten.

▼

Das geeiste Sabayon mithilfe der Frischhaltefolie aus der Form heben, in Rauten oder Streifen schneiden und mit den Mangorösti auf zwei Tellern anrichten.

▶ Tipp

Currypulver passt nicht nur zu Pikantem! Mit Vanille und Zucker geht es hier eine aufregende Verbindung ein.

Erdbeer-Crushed-Ice
mit Vanillesahne

Zutaten für 2–4 Personen

250 g Erdbeeren · 2 EL Puderzucker
1 Schuss Weißwein
100 g Sahne · 1 Päckchen Vanillezucker

Die Erdbeeren waschen, putzen und trocken tupfen. Die Früchte mit Puderzucker und Weißwein mischen und mit dem Stabmixer pürieren. Das Püree durch ein feines Sieb streichen, die Masse in einen Gefrierbeutel füllen und leicht flach streichen. Den Beutel verschließen und das Püree im Tiefkühlfach 1 bis 2 Stunden gefrieren lassen.

▼

Kurz vor dem Servieren die Sahne mit dem Vanillezucker mischen und mit dem Schneebesen cremigflüssig aufschlagen. Die Sahne auf Gläser oder flache Schälchen verteilen.

▼

Das gefrorene Erdbeermark mit einem Topf oder Plattiereisen zu Crushed Ice klopfen. Das Crushed Ice auf die Sahne geben und das Dessert sofort servieren. Nach Belieben mit frischen Erdbeeren garnieren.

▶ Tipp

Dieses Rezept funktioniert und schmeckt auch mit anderen Früchten wie Himbeeren, Heidelbeeren, Mango oder Pfirsich.

Weißweinsabayon
mit Birnenspalten

Zutaten für 2 Personen

1/2 Vanilleschote
100 ml Weißwein
2 Eigelb
70 g Zucker
100 g Sahne
1 Birne
1 EL Butter
50 g Mandelblättchen

Die Vanilleschote längs aufschneiden und das Mark herauskratzen. 80 ml Weißwein mit den Eigelben, 40 g Zucker und dem Vanillemark im heißen Wasserbad unter ständigem Rühren dickschaumig aufschlagen (Achtung, das Wasser darf nicht kochen, sonst gerinnen die Eigelbe).

▼

Das Sabayon in eine Schüssel geben und kurz kühl stellen. Die Sahne steif schlagen und unter das Sabayon heben. Die Creme auf Espressotassen verteilen und im Tiefkühlfach gefrieren lassen.

▼

Die Birne schälen und vierteln, das Kerngehäuse entfernen und das Fruchtfleisch in Spalten schneiden. Die Butter in einer Pfanne erhitzen, die Birnenspalten mit dem restlichen Zucker und den Mandelblättchen darin anbraten. Mit dem übrigen Weißwein ablöschen und auf Tellern anrichten. Das Sabayon aus den Tassen auf die Birnenspalten stürzen. Nach Belieben mit Zitronenmelisseblättern garniert servieren.

Heidelbeereis
mit Zitronen-Joghurt-Schaum

Zutaten für 4 Personen

1 unbehandelte Zitrone
200 g Naturjoghurt
3 EL Puderzucker
300 g Heidelbeeren (tiefgekühlt)
ca. 250 ml Milch

Die Zitrone heiß waschen und abtrocknen, die Schale fein abreiben und den Saft auspressen. Den Joghurt mit 1 EL Puderzucker, der Zitronenschale und dem Zitronensaft cremig rühren.

Die Heidelbeeren mit dem restlichen Puderzucker in ein schmales, hohes Gefäß geben und so viel Milch dazugießen, dass die Beeren knapp bedeckt sind. Die Beeren 1 Minute antauen lassen, dann mit dem Stabmixer fein pürieren.

Das Heidelbeereis auf Gläser verteilen und den Zitronen-Joghurt-Schaum daraufgeben. Nach Belieben mit frischen Heidelbeeren garnieren und mit Puderzucker bestäuben.

▸▸ Tipp

Statt mit Heidelbeeren kann man das Eis natürlich auch mit Erdbeeren, Brombeeren oder Himbeeren zubereiten. Auch mit Johannisbeeren schmeckt es toll, der Nachteil sind die Kerne!

Geeister Kirschcappuccino
mit Kardamom und Vanille

Zutaten für 2–4 Personen

100 ml Apfelsaft
75 g Zucker
5 Kardamomkapseln
3 Eigelb
1 EL Crème fraîche
1 Eiweiß
150 g Kirschen (aus dem Glas)
1/2 Vanilleschote
200 ml Milch
Kakaopulver zum Bestreuen

Den Apfelsaft mit 60 g Zucker in einem kleinen Topf aufkochen. Die Kardamomkapseln andrücken und dazugeben. Den Topf vom Herd nehmen und die Mischung zugedeckt 10 Minuten ziehen lassen. Den Apfelsaft durch ein feines Sieb gießen und kurz abkühlen lassen.

Den Apfelsaft mit den Eigelben im heißen Wasserbad schaumig aufschlagen. Die Crème fraîche dazugeben, vorsichtig unterrühren und die Masse im kalten Wasserbad kurz aufschlagen.

Das Eiweiß mit 1 TL Zucker mit dem Handrührgerät steif schlagen und vorsichtig unter die aufgeschlagene Creme heben. Die Masse in Gläser oder Tassen füllen und mindestens 2 Stunden ins Tiefkühlfach stellen.

Die Kirschen in ein Sieb geben und abtropfen lassen, dabei den Kirschsaft auffangen. Die Vanilleschote der Länge nach aufschneiden und das Mark herauskratzen. Das Mark mit 1 TL Zucker und 3 EL Kirschsaft aufkochen, die Kirschen dazugeben und einkochen, bis eine Glasur um die Kirschen entsteht.

Die Milch mit dem restlichen Zucker erwärmen und mit dem Stabmixer schaumig aufmixen. Die warmen Kirschen auf die geeiste Creme geben und mit dem Milchschaum garnieren. Mit 1 Prise Kakaopulver bestäuben und sofort servieren.

▸▸ Tipp

Kirschen lassen sich prima mit verschiedenen Aromen kombinieren. Außer Kardamom passen z. B. Mandeln, weiße oder braune Schokolade und Mohn dazu.

Limetten-Erdbeeren
mit geeister Buttermilch

Zutaten für 2 Personen

200 g Buttermilch
100 g Puderzucker
1 Schale Erdbeeren
1 unbehandelte Limette

Die Buttermilch mit 60 g Puderzucker verrühren. Die Mischung in eine Auflaufform geben und über Nacht im Tiefühlfach gefrieren lassen.

Die Erdbeeren waschen, putzen, trocken tupfen und vierteln. Zwei Drittel der Erdbeeren und den restlichen Puderzucker in einen hohen Rührbecher geben und mit dem Stabmixer pürieren. Das Beerenpüree durch ein Sieb streichen und mit den übrigen Erdbeervierteln mischen.

Die Limette heiß waschen und abtrocknen, die Schale fein abreiben und den Saft auspressen. Die Erdbeermischung mit Limettensaft und -schale abschmecken und in Gläser füllen.

Die gefrorene Buttermilch mit einem Löffel abschaben und auf den Limetten-Erdbeeren verteilen.

Himbeergranité
mit Sektsahne

Zutaten für 2 Personen

250 g Himbeeren
Saft von 2 Orangen
4 EL Puderzucker
200 g Sahne
1/2 Päckchen Vanillezucker
1 Schuss Sekt

Die Himbeeren vorsichtig waschen und trocken tupfen, mit dem Orangensaft und 2 EL Puderzucker in einen hohen Rührbecher geben und mit dem Stabmixer fein pürieren. Das Himbeerpüree durch ein Sieb streichen, in eine mit Frischhaltefolie ausgelegte Auflaufform füllen und mindestens 2 Stunden im Gefrierfach gefrieren lassen.

Vor dem Servieren die Sahne mit dem Vanillezucker und dem restlichen Puderzucker steif schlagen. Den Sekt vorsichtig unterrühren, sodass die Sahne sehr cremig bleibt. Die Sahne in Gläser füllen. Das gefrorene Himbeermark mit einem Löffel abschaben und auf die Sahne geben – so entstehen ganz feine Himbeereiskristalle, die mit der Sektsahne wunderbar am Gaumen schmelzen. Das Granité nach Belieben mit frischen Himbeeren oder Orangenfilets garnieren.

Meine Schokolade
auf italienische Art

Zutaten für 4–6 Personen

100 g Vollmilchkuvertüre
200 g Zartbitterkuvertüre
2 EL Pinienkerne
2 EL getrocknete Sauerkirschen

Die Vollmilch- und die Zartbitterkuvertüre mit einem großen Messer klein hacken und im heißen Wasserbad schmelzen. Anschließend über kaltem Wasser rühren, damit die Schokolade später Glanz bekommt.

Die Pinienkerne in einer Pfanne ohne Fett goldgelb rösten. Die Schokolade wieder erwärmen. Ein Backblech mit Backpapier belegen, die flüssige Schokolade daraufgießen und mit einer Palette 1/2 cm dünn ausstreichen.

Die Schokolade mit Pinienkernen und getrockneten Sauerkirschen bestreuen und an einem kühlen Ort erkalten lassen. Die Schokolade in grobe Stücke brechen und zum Espresso servieren.

 Tipp

Die Schokolade schmeckt auch mit gerösteten Mandeln, Haselnüssen oder Cashewkernen sowie Rosinen, getrockneten Aprikosen oder Ananas.

Orangengranité
mit weißer Kaffeesahne

Zutaten für 2 Personen

6 Saftorangen
1/2 Vanilleschote
2 1/2 EL Zucker
4 cl Orangenlikör
300 g Sahne
4 EL Kaffeebohnen

Die Saftorangen auspressen. Die Vanilleschote längs aufschneiden und das Mark herauskratzen. Orangensaft und Vanillemark mit 1 EL Zucker sowie dem Orangenlikör verrühren, in eine Auflaufform geben und über Nacht im Tiefkühlfach gefrieren lassen.

Die Sahne aufkochen, die Kaffeebohnen und den restlichen Zucker hineingeben und 30 Minuten ziehen lassen. Durch ein Sieb gießen und im Kühlschrank ganz auskühlen lassen.

Zum Servieren die Kaffeesahne cremig aufschlagen und in Gläser füllen. Das Orangengranité mit einem Löffel abschaben und auf die Kaffeesahne geben.

Sauerkirschsorbet
auf Vanillesahne

Zutaten für 6–8 Personen

400 g Sauerkirschen (aus dem Glas; ohne Stein)
¼ l Kirschsaft
3–4 EL brauner Zucker
6 cl Amaretto (ital. Mandellikör)
300 g Sahne
1 Päckchen Bourbon-Vanillezucker
1 EL Zucker

Die Sauerkirschen in ein Sieb abgießen und abtropfen lassen. Mit dem Kirschsaft, dem braunen Zucker und dem Amaretto in einen hohen Rührbecher geben und mit dem Stabmixer fein pürieren. Durch ein Sieb streichen, in eine Auflaufform gießen und über Nacht im Tiefkühlfach gefrieren lassen.

Die Sahne mit dem Vanillezucker und dem Zucker cremig schlagen und auf Gläser verteilen. Das gefrorene Sauerkirschsorbet mit einem Löffel abschaben und großzügig auf die Vanillesahne geben.

Gelierte Zitronenmilch
mit Erdbeer-Kokos-Kaltschale

Zutaten für 6 Personen

6 Blatt Gelatine
600 ml Milch
2 EL Zucker
abgeriebene Schale von 1 unbehandelten Zitrone
250 g Erdbeeren
2–3 EL Puderzucker
Saft von ½ Zitrone
50 ml Kokoslikör

Die Gelatine in kaltem Wasser einweichen. Sechs kleine Einmachgläser mithilfe eines zusammengerollten Küchentuchs in einer Auflaufform in einem 45°-Winkel schräg stellen.

▼

Die Milch mit dem Zucker und der Zitronenschale erwärmen. Die Gelatine ausdrücken und darin unter Rühren auflösen. Die Milch in die Einmachgläser füllen und im Kühlschrank 1 Stunde gelieren lassen.

▼

Die Erdbeeren waschen, putzen und trocken tupfen. Mit Puderzucker, Zitronensaft und Kokoslikör mit dem Stabmixer pürieren. Durch ein Sieb streichen und auf die Zitronenmilch geben.

>> Tipp

Das Sorbet können Sie auch mit anderen Früchten wie Orangen, Mandarinen, Zwetschgen, Erdbeeren oder Blaubeeren zubereiten.

>> Tipp

Wenn Sie die Zitronenmilch in Einmachgläser füllen und diese verschließen, ist das Dessert ideal fürs Picknick.

Praline im Glas
mit Sauerkirschen

Zutaten für 4–6 Personen

100 g Zartbitterkuvertüre
100 g Nougat
100 ml Milch
100 g Sahne
4 cl Orangenlikör
abgeriebene Schale von 1 unbehandelten Orange
250 g Sauerkirschen (aus dem Glas)
3 EL Zucker
1 Vanilleschote
3 cl Rum

Kuvertüre, Nougat, Milch, Sahne, Orangenlikör und die Orangenschale in einen Topf geben und unter ständigem Rühren bei schwacher bis mittlerer Hitze langsam schmelzen. Sofort in Gläser füllen und im Kühlschrank 2 Stunden erkalten lassen.

Die Sauerkirschen in ein Sieb abgießen und den Saft auffangen. Den Zucker in einem Topf leicht braun karamellisieren, mit etwas Kirschsaft ablöschen und einkochen lassen. Die Vanilleschote längs aufschneiden und mit dem Rum dazugeben. Kurz erwärmen, die abgetropften Sauerkirschen hinzufügen und darin schwenken. Die Vanilleschote wieder entfernen. Die lauwarmen Kirschen auf der Pralinenmasse verteilen und das Dessert sofort servieren.

Crème brulée
mit Johannisbeeren

Zutaten für 4 Personen

1 Vanilleschote
350 g Sahne
150 ml Milch
5 Eier
100 g Zucker
3 EL brauner Zucker
100 g Rote Johannisbeeren

Den Backofen auf 90 °C (Umluft) vorheizen. Die Vanilleschote längs aufschneiden und das Mark herauskratzen. Das Mark mit der Sahne, der Milch, den Eiern und 75 g Zucker gut verrühren und in tiefe Teller oder Gläser füllen. Etwa 60 bis 80 Minuten im Ofen garen bzw. stocken lassen. Die Gläser aus dem Ofen nehmen und die Masse etwa 30 Minuten bei Zimmertemperatur abkühlen lassen. Dann mindestens 3 Stunden in den Kühlschrank stellen.

Vor dem Servieren eventuell entstandenes Kondenswasser auf der Creme mit Küchenpapier abtupfen. Die Creme dünn mit dem braunen Zucker bestreuen und mit einem kleinen Flambierbrenner knusprig karamellisieren.

Die Johannisbeeren von der Rispe zupfen, waschen und trocken tupfen. Den restlichen weißen Zucker mit 1 kleinen Schuss Wasser einkochen, bis ein heller Karamell entstanden ist. Die Johannisbeeren darin schwenken und kurz ziehen lassen. Noch heiß mit dem Fond auf die Crème brulée geben und sofort servieren.

Panna cotta
mit Rosenblüten

Zutaten für 2 Personen

1 Vanilleschote · ¼ l Milch · 150 g Sahne
50 g Zucker · 3 Rosenblüten (ungespritzt)
3 Blatt Gelatine · 4 EL Himbeermarmelade

Die Vanilleschote längs aufschneiden und das Mark herauskratzen. Die Hälfte der Milch mit 75 g Sahne, Zucker, Vanilleschote und -mark in einen Topf geben und aufkochen. Den Topf vom Herd nehmen. Von zwei Rosen die Blütenblätter abzupfen, in die heiße Milch geben und 5 Minuten ziehen lassen.

▼

Die Gelatine in kaltem Wasser einweichen. Vier hohe, schlanke Cocktailgläser mithilfe eines zusammengerollten Tuchs in einer Auflaufform in einem 45°-Winkel schräg stellen.

▼

Die Rosenmilch durch ein Sieb gießen. Die Gelatine gut ausdrücken und in der Milch unter Rühren auflösen. Falls nötig, die Milch nochmals erhitzen. Die restliche Milch und die übrige Sahne unterrühren und die Hälfte der Mischung auf die schräg gestellten Gläser verteilen. Die Gläser 1 Stunde in den Kühlschrank stellen, bis die Mischung erstarrt ist.

▼

Die restliche Rosenmilch mit der Himbeermarmelade verrühren und durch ein feines Sieb streichen. Die Gläser mit der erstarrten Panna cotta mit der Himbeercreme auffüllen. Nochmals etwa 45 Minuten in den Kühlschrank stellen, bis die Masse fest ist.

▼

Die Gläser mit den abgezupften Blütenblättern der restlichen Rose auf einem Tablett servieren.

Blutorangenpudding
mit karamellisierten Biskuitcroûtons

Zutaten für 2 Personen

300 ml Blutorangensaft · 300 g Sahne
2 EL Butter · 2 EL Zucker · 3 Eier
50 g fertiger Biskuitteig · ½ EL Puderzucker

Den Orangensaft auf knapp die Hälfte einkochen lassen, die Sahne dazugeben und nochmals aufkochen. 1 EL kalte Butter, den Zucker und die verquirlten Eier unterrühren. Den Backofen auf 120 °C vorheizen.

▼

Die Orangensahne in zwei kleine, ofenfeste Einmachgläser füllen. Die Gläser gut verschließen und den Blutorangenpudding im heißen Wasserbad im Ofen etwa 40 Minuten garen.

▼

Den Biskuitteig in Würfel schneiden oder zupfen und mit etwas Puderzucker in der restlichen Butter unter Rühren 1 bis 2 Minuten karamellisieren. Dabei immer wieder mit etwas Puderzucker bestäuben. Die knusprigen Biskuitcroûtons auf Küchenpapier abtropfen und abkühlen lassen.

▼

Die Gläser mit dem lauwarmen Pudding am besten erst am Tisch öffnen und den Pudding mit den Biskuitcroûtons bestreuen. Mit Puderzucker bestäuben.

 **▸▸ T i p p**

Wenn Sie die Biskuitwürfel bei Zimmertemperatur abkühlen lassen, wird der Zucker kross und der Biskuit richtig schön knusprig.

Schoko-Crème-brulée
mit Zartbitterkuvertüre

Zutaten für 4 Personen

75 g Zartbitterkuvertüre
300 g Sahne
150 ml Milch
5 Eier
75 g Zucker
brauner Zucker zum Bestreuen

Den Backofen auf 95 °C (Umluft) vorheizen. Die Kuvertüre mit einem großen Messer fein hacken und im heißen Wasserbad schmelzen. Die Sahne mit der Milch, den Eiern, dem Zucker und der geschmolzenen Kuvertüre verrühren. Die Mischung in ofenfeste Schälchen füllen und im Ofen auf der mittleren Schiene etwa 70 Minuten stocken lassen.

Die Schälchen herausnehmen und die Creme bei Zimmertemperatur etwa 30 Minuten abkühlen lassen. Dann mindestens 3 Stunden in den Kühlschrank stellen. Mit dem braunen Zucker bestreuen und mit einem kleinen Flambierbrenner karamellisieren.

» Tipp

Am besten drehen Sie die Schälchen um, wenn Sie die Creme mit Zucker bestreut haben, und schütteln vorsichtig den überschüssigen Zucker ab. So erhält man eine gleichmäßige Zuckerschicht, die nach dem Karamellisieren eine schöne Oberfläche bildet.

Tiramisu-Soufflé
mit Mandeln

Zutaten für 4 Personen

Butter · 3 EL gehackte Mandeln
1 Schuss Amaretto (ital. Mandellikör)
150 ml kalter Espresso · Saft von 1 Orange
200 g Löffelbiskuits
3 Eier · 80 g Zucker
250 g Mascarpone · Kakaopulver zum Bestäuben

Eine Auflaufform oder vier kleine Förmchen mit Butter einfetten und mit den Mandeln ausstreuen. Den Mandellikör mit Espresso und Orangensaft mischen. Mit den Löffelbiskuits den Boden der Form oder der Förmchen auslegen und die Espressomischung darüberträufeln. Den Backofen auf 200 °C vorheizen.

Die Eier trennen. Die Eiweiße mit dem Handrührgerät steif schlagen. 40 g Zucker dazugeben und weiterschlagen, bis er sich aufgelöst hat. Die Eigelbe und den restlichen Zucker mit dem Handrührgerät weißcremig schlagen. Den Mascarpone unterrühren und den Eischnee unterheben. Die Masse auf den Löffelbiskuits verteilen und das Tiramisu-Soufflé im Ofen etwa 15 Minuten goldgelb überbacken.

Das Tiramisu-Soufflé gleichmäßig mit Kakaopulver bestäuben und sofort servieren.

» Tipp

Sie können das Soufflé abwandeln, indem Sie die Löffelbiskuits statt mit Espresso mit Maracujasaft beträufeln.

Gegrillte Kirschen
mit gerösteter Brioche

Zutaten für 6 Personen

300 g Herzkirschen
1/2 TL weiche Butter
1 TL brauner Zucker
1 Vanilleschote
40 ml Kirschschnaps
6 dicke Scheiben Brioche
(süßes französisches Hefegebäck)
80 g Crème fraîche
Saft von 1/2 Zitrone
1 TL Zucker

Die Kirschen waschen, trocken tupfen, mit einem kleinen Messer halbieren und entkernen. Einen DIN-A3-großen Bogen Alufolie in der Mitte mit der Butter bestreichen und mit dem braunen Zucker bestreuen. Die Kirschen darauf verteilen. Die Vanilleschote längs aufschneiden, das Mark herauskratzen und auf den Kirschen verteilen. Den Kirschschnaps daraufträufeln und die Alufolie gut zusammenfalten. Die Kirschen 10 Minuten auf den Grill legen und schmoren, bis sie leicht karamellisiert sind.

▼

Die Brioche-Scheiben auf beiden Seiten auf dem Grill kurz rösten und auf Teller geben. Die Kirschen vorsichtig (Achtung: Dampf!) aus der Folie löffeln und samt Schmorsud auf den Brioche-Scheiben verteilen.

▼

Die Crème fraîche mit dem Zitronensaft und dem Zucker verrühren. Jeweils 1 Klecks Creme auf die Kirschen geben.

Gegrillter Pfirsich
mit Zitronenricotta und Mandelhonig

Zutaten für 4–8 Personen

250 g Mandelblättchen
6 EL Honig
4 Pfirsiche
1 unbehandelte Zitrone
250 g Ricotta
1 1/2 EL Zucker

Die Mandelblättchen in einer Pfanne ohne Fett goldbraun rösten und in eine kleine Schüssel füllen, den Honig hinzufügen und etwa 2 Stunden ziehen lassen.

▼

Die Pfirsiche waschen, halbieren, entsteinen und mit den Schnittflächen nach unten auf den Grill legen. Die Zitrone heiß waschen, abtrocknen und die Schale fein abreiben. Die Zitrone halbieren und den Saft auspressen. Den Ricotta mit Zucker, Zitronensaft und -schale glatt rühren und auf einer Platte verteilen. Die gegrillten Pfirsichhälften darauflegen und mit dem Mandelhonig beträufeln.

>> Tipp

Auch Aprikosen, Melonen und Birnen lassen sich gut grillen. Aprikosen harmonieren übrigens geschmacklich mit Bratwürsten und Senf. Zu Melone passt Parmaschinken, zu Birnen Ziegenkäse.

Gegrillte Ananas
auf gefrorenem Vanillesabayon

Zutaten für 2–4 Personen

1 Vanilleschote
120 ml Orangensaft
3 EL Weißwein
60 g Zucker
3 Eigelb
1 Eiweiß
1 TL Zucker
1/2 Flugananas
1 TL Butter
1 TL Puderzucker

Die Vanilleschote der Länge nach aufschneiden und das Mark herauskratzen. Das Vanillemark mit dem Orangensaft, dem Weißwein, dem Zucker und den Eigelben im heißen Wasserbad dickschaumig schlagen. Anschließend die Schüssel sofort in kaltes Wasser stellen und die Sabayonmasse kalt schlagen.

Das Eiweiß und den Zucker mit dem Handrührgerät schaumig schlagen. Das Eiweiß vorsichtig unter das Vanillesabayon heben und in zwei bis vier tiefe Teller oder Schälchen füllen. Sofort ins Tiefkühlfach stellen und mindestens 2 Stunden gefrieren lassen.

Die Ananas großzügig schälen, in etwa 1 cm dicke Scheiben schneiden und mit einem runden Ausstecher oder einem spitzen kleinen Messer den Strunk entfernen. Die Ananasscheiben trocken tupfen und auf einer Seite in einer Grillpfanne 2 bis 3 Minuten grillen, sodass ein Grillmuster entsteht.

Die Butter in einer Pfanne aufschäumen und den Puderzucker dazugeben. Die Ananasscheiben mit dem Grillmuster nach oben in die Pfanne legen und kurz glasieren.

Die Ananasscheiben herausnehmen und auf einem Teller auf Zimmertemperatur abkühlen lassen. Das gefrorene Vanillesabayon auf Teller verteilen und die Ananasscheiben darauf anrichten. Sofort servieren.

▶ Tipp

Statt Ananas kann man auch in Limettensaft marinierte Erdbeeren oder Kirschen verwenden. Probieren Sie das Rezept einfach mit Ihrem Lieblingsobst aus.

Obstsalat

in Champagnergelee

Zutaten für 2 Personen

125 g frische Himbeeren (ersatzweise tiefgekühlt)
200 ml Weißwein
1 EL Zucker
5 Blatt Gelatine
1 Orange
1 rosa Grapefruit
200 ml Champagner rosé
(ersatzweise Winzersekt rosé oder Prosecco)

Die Himbeeren vorsichtig waschen und trocken tupfen. Den Weißwein in einem Topf mit dem Zucker aufkochen. 200 ml Wasser sowie die Hälfte der Himbeeren dazugeben und 2 bis 3 Minuten köcheln lassen. Anschließend 6 Minuten ziehen lassen.

▼

Die Gelatine in kaltem Wasser einweichen. Den Himbeer-Weißwein-Sud durch ein Sieb gießen, dabei die Himbeeren gut ausdrücken. Die Gelatine ausdrücken und in dem noch heißen Sud auflösen. Die Mischung zuerst bei Zimmertemperatur auskühlen und dann im Kühlschrank etwa 1 Stunde gelieren lassen.

▼

Die Orange und die Grapefruit mit einem Messer schälen, sodass die weiße Haut mit entfernt wird, und die Fruchtfilets herausschneiden. Die Zitrusfilets und die Himbeeren dekorativ in Gläser schichten.

Den gelierten Weißwein-Himbeer-Sud im heißen Wasserbad mit dem Schneebesen leicht flüssig rühren. Den Champagner nach und nach hinzufügen und vorsichtig mit dem Schneebesen unterrühren. Das flüssige Champagnergelee mit einem Löffel über dem Obstsalat verteilen und im Kühlschrank 1 Stunde fest werden lassen.

▶▶ T i p p

Wichtig: Wenn Sie tiefgekühlte Himbeeren verwenden, die Himbeeren nicht auftauen, sondern gefroren mit den Orangen- und Grapefruitfilets anrichten und das Gelee über die gefrorenen Himbeeren geben. So tauen die Himbeeren im Gelee auf. Das hat den Vorteil, dass sie nicht matschig werden und zusammenfallen, sondern ihre Form behalten. Zum Garnieren kann man noch frische Zitronenmelisse verwenden.

Tassenkuchen
mit Schokolade

Zutaten für 2–4 Personen

110 g weiche Butter
110 g Puderzucker
3 Eier
110 g Mehl
1 EL Kakaopulver
1/2 TL Backpulver
60 g Schokoladensplitter
1 TL Butter
1 EL Zucker

Die Butter und den Puderzucker mit dem Handrührgerät schaumig schlagen. Die Eier verquirlen und nach und nach unter die schaumige Butter-Zucker-Masse rühren. Mehl, Kakao- und Backpulver sowie die Schokoladensplitter und 2 EL Wasser untermischen.

▼

Den Backofen auf 160 °C (Umluft) vorheizen. Ofenfeste Tassen mit Butter einfetten und mit Zucker dünn ausstreuen. Die Schokoladenkuchenmasse darin verteilen und im Ofen je nach Größe und Menge zwischen 25 und 45 Minuten backen. Bei Zimmertemperatur noch 5 Minuten abkühlen lassen und sofort servieren.

 **▸▸ Tipp**

Den Tassenkuchen am besten lauwarm mit leicht geschlagener Sahne genießen.

Ricottanocken
mit Bananen und Zitronensirup

Zutaten für 2 Personen

1/2 reife Banane
100 g Ricotta
100 g Semmelbrösel
2 Eigelb
1 EL Zucker · Vanillezucker
1 TL Butterschmalz
2 Stiele Minze
2 unbehandelte Zitronen
3 EL brauner Zucker

Die Banane schälen und mit einer Gabel gut zerdrücken. Mit Ricotta, Semmelbröseln, Eigelben, Zucker und 1 Prise Vanillezucker verrühren und 15 Minuten ruhen lassen. Mit einem Esslöffel, der in heißes Wasser getaucht wurde, Nocken abstechen. Den Backofen auf 150 °C (Umluft) vorheizen.

▼

Das Butterschmalz in einer ofenfesten Pfanne erhitzen und die Nocken darin bei mittlerer Hitze 2 bis 3 Minuten anbraten. Die Minze waschen und trocken schütteln, in die Pfanne zu den Nocken geben und die Nocken im Ofen 8 Minuten fertig backen.

▼

Die Zitronen waschen und abtrocknen, die Schale fein abreiben und den Saft auspressen. Den Saft und die Schale mit dem braunen Zucker in einem Topf sirupartig einköcheln lassen. Die Ricottanocken mit der gebratenen Seite nach oben auf Tellern anrichten und mit dem Zitronensirup beträufeln. Zum Garnieren nach Belieben einige Bananenscheiben in Zucker wälzen und in etwas Butter anbraten.

Pfirsich mit Sherry
in der Folie geschmort

Zutaten für 2 Personen

2 EL Mandelblättchen
1 großer reifer Pfirsich
2 Stück Würfelzucker
1/2 Vanilleschote
60 ml trockener Sherry

Den Backofen auf 160 °C (Umluft) vorheizen. Die Man-delblättchen auf ein flaches Backblech oder in eine Auflaufform geben und im Ofen 5 bis 8 Minuten braun rösten. Die Backofentemperatur auf 170 °C erhöhen.

Den Pfirsich waschen, vorsichtig halbieren und den Stein entfernen. Zwei Blätter Alufolie auf DIN-A5-Größe zurechtschneiden. Die Pfirsichhälften mit der Schnittfläche nach oben auf je ein Blatt setzen. Damit der Pfirsich besser steht, von der gewölbten Seite ein Stück abschneiden, sodass er flach aufliegt. In die Pfirsichmulden je 1 Stück Würfelzucker geben. Die Vanilleschote der Länge nach halbieren und je eine Hälfte auf den Pfirsich legen. Den Sherry vorsichtig auf den Würfelzucker träufeln.

Die gerösteten Mandeln darauf verteilen, die Alufolie gut verschließen und den Pfirsich im Ofen auf dem Ofengitter 12 bis 16 Minuten schmoren.

Himbeer-Tiramisu
mit Schokolade

Zutaten für 4 Personen

30 Löffelbiskuits
300 ml kalter Espresso
1 unbehandelte Limette
500 g Mascarpone
3 EL Zucker
2 Schälchen frische Himbeeren
(à 125 g; ersatzweise tiefgekühlt)
100 g dunkle Schokolade
1 EL Kakaopulver

Den Boden einer großen Auflaufform mit der Hälfte der Löffelbiskuits belegen. Die Hälfte des Espressos löffelweise gleichmäßig darüberträufeln.

Die Limette waschen, trocken reiben und ein kleines Stück abschneiden. Etwas Limettenschale abreiben. Den Mascarpone mit der Limettenschale und einigen Spritzern Limettensaft sowie dem Zucker glatt rüh-ren. Die Hälfte der Mascarponemasse vorsichtig auf den Löffelbiskuits verteilen. Die Himbeeren waschen und trocken tupfen. Die Hälfte der Himbeeren auf dem Mascarpone verteilen und etwas eindrücken.

Die dunkle Schokolade großzügig darüberreiben. Eine weitere Lage Löffelbiskuits daraufsetzen, erneut mit Espresso tränken, den restlichen Mascarpone darauf verteilen sowie mit der zweiten Hälfte Himbeeren gar-nieren. Wiederum großzügig Schokolade darüberras-peln und alles zuletzt mit Kakaopulver bestäuben. Das Himbeer-Tiramisu mindestens 3 Stunden in den Kühl-schrank stellen.

Apfelkuchen
im Einmachglas

Zutaten für 4 Personen

125 g weiche Butter
125 g Zucker
2 Eier
200 g Mehl
1/2 TL Backpulver
1 TL Butter für die Gläser
1 Apfel (z. B. Cox Orange)

Die Butter und den Zucker mit dem Handrührgerät 2 bis 3 Minuten schaumig rühren. Die Eier verquirlen und mit dem Mehl und dem Backpulver langsam unter die Butter-Zucker-Masse rühren.

Den Backofen auf 160 °C vorheizen. Vier Einmachgläser (à 220 ml Inhalt) mit Butter einfetten. Den Teig auf die Gläser verteilen. Den Apfel waschen und vierteln, das Kerngehäuse entfernen und je 1 Apfelviertel in die Mitte des Teigs drücken. Die Apfelkuchen im Ofen 25 bis 30 Minuten backen. Herausnehmen und bei Zimmertemperatur 4 bis 5 Minuten abkühlen lassen.

▸▸ Tipp

Gut verschlossen, können Sie die Kuchen im Glas bis zu 10 Tage im Kühlschrank aufbewahren. Wenn Sie sie im Ofen bei 140 °C 5 Minuten aufbacken, schmecken sie wie frisch gemacht.

Rohrnudeln
auf geschmolzenen Erdbeeren

Zutaten für 4 Personen

125 g Erdbeeren
1 EL Butter für die Form
500 g Mehl
1 Päckchen Trockenhefe
200 ml lauwarme Milch
100 g weiche Butter
2 Eier
70 g Zucker
Salz
Puderzucker

Die Erdbeeren waschen, putzen und vierteln. Eine Auflaufform mit Butter einfetten und die Erdbeeren gleichmäßig darin verteilen.

Mehl, Trockenhefe, Milch, Butter, Eier, Zucker und 1 Prise Salz zu einem Teig verkneten. Die Arbeitsfläche mit Mehl bestäuben und den Teig darauf mit dem Nudelholz 2 cm dick ausrollen. Mit einem runden Ausstecher (5 cm Durchmesser) Kreise ausstechen und dicht nebeneinander auf die Erdbeeren legen, sodass sie vollständig bedeckt sind. Den Teig 45 Minuten an einem warmen Ort gehen lassen.

Den Backofen auf 220 °C (Umluft) vorheizen. Die Rohrnudeln 15 bis 20 Minuten im Ofen backen. Mit Puderzucker bestäuben und sofort servieren.

Joghurtcreme
mit Vanille und Karamell

Zutaten für 2 Personen

¹/₂ Vanilleschote
200 g Sahne
100 g Naturjoghurt
3 Eier
40 g Zucker
2 EL brauner Zucker

Den Backofen auf 100 °C (Umluft) vorheizen. Die Vanilleschote der Länge nach aufschneiden und das Mark herauskratzen. Die Sahne, den Joghurt, die Eier, den Zucker und das Vanillemark gut verrühren. Die Mischung auf tiefe Teller oder Gläser verteilen und im Ofen 60 bis 80 Minuten garen bzw. stocken lassen.

Die Joghurtcreme zunächst 30 Minuten bei Zimmertemperatur abkühlen lassen und dann mindestens 3 Stunden in den Kühlschrank stellen. Vor dem Servieren eventuell entstandenes Kondenswasser auf der Creme mit Küchenpapier abtupfen.

Die Joghurtcreme dünn mit braunem Zucker bestreuen und mit einem kleinen Flambierbrenner knusprig braun karamellisieren.

▶▶ Tipp

Für eine Vanillecreme den Joghurt einfach durch Milch ersetzen und etwas mehr Vanillemark hinzufügen. Man kann auch statt Vanille lösliches Kaffeepulver oder Schokolade verwenden.

Wodka-Biskuits
mit Feigen und Crème fraîche

Zutaten für 2 Personen

6 Löffelbiskuits
40 ml Wodka · 80 ml Apfelsaft
1 TL brauner Zucker
4 blaue Feigen
2 EL Crème fraîche
1 EL Puderzucker

Die Löffelbiskuits mit der Zuckerseite nach unten dicht nebeneinander auf einen Teller oder in eine Auflaufform legen. Den Wodka und den Apfelsaft mischen und gleichmäßig über die Löffelbiskuits träufeln. Die Oberseite dünn mit dem braunen Zucker bestreuen und die Löffelbiskuits 1 Stunde ins Tiefkühlfach stellen.

Die Feigen waschen und trocken tupfen, die Stiele abschneiden und die Feigen vierteln. Die Crème fraîche mit dem Puderzucker glatt rühren.

Die geeisten Wodka-Löffelbiskuits auf Teller verteilen, dünn mit etwas Crème fraîche bestreichen und jeweils 2 Feigen in Vierteln darauflegen. Mit dem Puderzucker bestäuben und sofort servieren.

Mokkamuffins
mit karamellisierten Macadamianüssen

Zutaten für 4 Stück

100 g Zucker
100 g ungesalzene Macadamianüsse
125 g weiche Butter
70 g Puderzucker
2 Eier
2 Eigelb
135 g Mehl
1 TL Backpulver
Salz
3 EL Orangensaft
3 TL Mokka- bzw. Espressopulver

In einem kleinen Topf 50 g Zucker braun karamellisieren. Die Macadamianüsse dazugeben und mit einem Holzlöffel verrühren. Ein Backblech mit Backpapier belegen und die Nüsse daraufgeben. Vorsicht, sie sind heiß! Rasch mit dem Holzlöffel flach drücken und 15 Minuten auskühlen lassen. Den Macadamiakrokant mit einem großen Messer auf einem Brett in grobe Stücke hacken.

Die weiche Butter und den Puderzucker mit dem Handrührgerät schaumig schlagen. Eier, Eigelbe und den restlichen Zucker getrennt davon ebenfalls mit dem Handrührgerät schaumig schlagen.

Die schaumige Eiermasse vorsichtig unter die Buttermasse heben. Dann Mehl, Backpulver und 1 Prise Salz unterheben. Den Orangensaft in einem kleinen Topf erwärmen und das Mokka- bzw. Espressopulver darin auflösen. Kurz abkühlen lassen und mit dem Macadamiakrokant unter die Teigmasse heben.

Den Backofen auf 160 °C (Umluft) vorheizen. Vier Vertiefungen eines Muffinblechs mit Papierförmchen auslegen. Den Teig in einen Spritzbeutel mit großer Lochtülle füllen und in die Vertiefungen spritzen. Die Muffins im Backofen 20 bis 25 Minuten backen. Aus dem Ofen nehmen und 20 Minuten abkühlen lassen. Die Muffins aus der Form nehmen und servieren.

 **Tipp**

Achtung: Bevor die Eier, Eigelbe und der Zucker verrührt werden, sollten die Quirle des Handrührgeräts gründlich gesäubert werden. Sie müssen fettfrei und trocken sein.

Birnen-Schokoladen-Kuchen
mit Lebkuchensahne

Zutaten für 8 Stücke

200 g Zartbitterschokolade
90 g Butter
ca. 165 g Zucker
3 Eier
70 g Mehl
2 Williamsbirnen
200 g Sahne
1/2 Päckchen Lebkuchengewürz

Die Schokolade mit einem Messer in kleine Stücke hacken und in einer Schüssel im heißen Wasserbad schmelzen lassen. Die Butter und 150 g Zucker hinzufügen und unter Rühren darin auflösen. Achtung: Die Masse darf nicht zu heiß werden.

▼

Die Eier trennen. Die Eigelbe und das Mehl vorsichtig unter die Schokoladenmasse rühren. Die Eiweiße mit 1 Prise Zucker steif schlagen und vorsichtig unter die Schokoladenmasse heben. Eine runde Auflauf- oder Kuchenform mit Backpapier auslegen.

▼

Die Birnen schälen, vierteln und die Kerngehäuse entfernen. Die Birnen in dünne Spalten schneiden und gleichmäßig auf dem Backpapier verteilen. Die Schokoladenmasse daraufgeben und die Form in den kalten Backofen auf die mittlere Schiene stellen.

Den Backofen auf 200 °C einschalten und den Birnen-Schokoladen-Kuchen 55 bis 70 Minuten backen. Den Kuchen aus dem Ofen nehmen und bei Zimmertemperatur etwas abkühlen lassen.

▼

Die Sahne mit 1 EL Zucker und dem Lebkuchengewürz leicht cremig schlagen. Den Birnen-Schokoladen-Kuchen aus dem Ofen nehmen, nach Belieben mit Kakaopulver bestäuben und lauwarm servieren. Die Lebkuchensahne dazu reichen.

▶▶ Tipp

Wer Lust auf Lebkucheneis hat, kann die Lebkuchensahne in einer Auflaufform im Tiefkühlfach 40 bis 60 Minuten anfrieren und zu dem Kuchen servieren.

Rezeptregister

Bildnachweis

FoodPhotography Eising/Susie Eising: Seite 12 bis 245
und Umschlag hinten;
FoodPhotography Eising/Martina Görlach: Seite 8 bis 11;
AHa-Effekt Derek Henthorn: Titelbild, Seite 6